PARCOURS DE LECTURE

La série Collèges est animée par
Michel Descotes, Jean Jordy et Gérard Langlade

LA CANTATRICE CHAUVE

Ionesco

par ***Yvette Rodalec***

BERTRAND-LACOSTE
36 rue Saint-Germain-l'Auxerrois – 75001 PARIS

SOMMAIRE

Repères

Les références à la pièce *La Cantatrice chauve* renvoient à la collection « Folio », n° 236, © Gallimard, 1950.

Le signe A en marge renvoie aux Activités qui figurent en bas de page.

En guise d'avant-propos

BARTHOLOMÉUS I, *à Ionesco :* D'abord, savez-vous ce que c'est que le théâtre ?

IONESCO : Euh, c'est du théâtre.

BARTHOLOMÉUS II, *à Ionesco :* Erreur profonde.

BARTHOLOMÉUS I, *à Ionesco :* Erreur... le théâtre c'est la manifestation de la théâtralité.

BARTHOLOMÉUS III, *à Bartholoméus I et à Bartholoméus II :* Mais sait-il ce qu'est la théâtralité ?

BARTHOLOMÉUS I, *à Bartholoméus II et à Bartholoméus III :* Nous l'entendrons bien. *(À Ionesco.)* Définissez la théâtralité.

IONESCO : La théâtralité... la théâtralité... C'est ce qui est théâtral..

BARTHOLOMÉUS I : Je m'en doutais...

BARTHOLOMÉUS II : Moi aussi.

Bartholoméus III : Moi aussi.

BARTHOLOMÉUS I : Je me doutais bien que sa pensée était viciée. *(À Ionesco.)* Insensé, la théâtralité c'est ce qui est antithéâtral...

❑ L'Impromptu de l'Alma

La théâtralité, c'est ce qui est antithéâtral.

Beau paradoxe qui ressemble à une provocation mais qui sera l'un des maîtres mots du projet de lecture proposé ici : *antithéâtral.*

Ionesco appartient à la lignée de ces auteurs contemporains qui ont voulu rompre avec une certaine rigidité du théâtre traditionnel, avec ces « ficelles » et ces « procédés trop théâtraux ».

Il nous appartiendra donc, à partir de ce que nos élèves connaissent et attendent du théâtre, à partir de leur travail sur le texte, de modifier certaines idées reçues et d'ouvrir à la richesse d'un autre univers dramatique.

C'est pourquoi il semble opportun de prévoir cette étude en classe de troisième, quand les élèves disposent d'outils de référence.

La théâtralité... C'est ce qui est théâtral !

Belle tautologie !

Mais elle a le mérite de résumer l'essentiel et de dégager un autre maître mot : LE JEU, avec toutes les variations polysémiques auxquelles il se prête.

Jeu comme un écart avec une règle, une norme...

Cette écriture théâtrale si singulière n'ignore pas les règles traditionnelles. Elle sait s'en servir, sans s'y asservir.

Jeu comme une distraction, une jubilation...

Plaisir de la découverte, de la lutte avec ce qui résiste et du chemin buissonnier, en dehors des clichés sur le théâtre.

Jeu comme au théâtre...

Voilà plus de trente-sept ans que, chaque soir, le théâtre de La Huchette affiche complet avec, au programme, *La Cantatrice chauve* et *La Leçon* d'Eugène Ionesco.

LE POMPIER

J'ai trouvé ça merveilleux.

Mme SMITH

Tout de même...

M. SMITH

Vous exagérez...

LE POMPIER

Écoutez, c'est vrai... tout ça c'est très subjectif... [...]. (p. 70)

I. COULISSES

❑ Du théâtre ? À quel titre ?

La Cantatrice chauve...

Il convient de s'interroger sur l'horizon d'attente que dessine un tel titre.

Dans *Apostille au « Nom de la rose »*, Eco déclarait :

> Un titre doit embrouiller les idées, non les embrigader.

Reconnaissons que *La Cantatrice chauve* répond à cette exigence...

De quoi peut-il bien s'agir ? A

• Noblesse et dérision

Le mot « cantatrice » dispose d'une telle aura qu'il appelle mille correspondances : diva, opéra, voix sublimes, histoires chantées, apparat de la scène et de la salle.

Or, le mot chargé d'harmonie et de noblesse tourne au couac : la cantatrice serait chauve... On déchante, et le charme est rompu. La réalité apparaît toute nue, lisse comme un crâne dégarni, indécente, anachronique et presque obscène.

Activités

1. *Quelles réflexions vous inspire ce titre ?*
2. *Quels sens donnez-vous au mot* cantatrice *? Connaissez-vous des synonymes de ce terme ? Que vous suggèrent-ils ? Connaissez-vous des cantatrices (personnages fictifs ou réels) ? Quels mots sont liés analogiquement au mot* cantatrice *?*

Affiche originale de Jacques Noël
pour le spectacle Ionesco qui se joue
au Théâtre de la Huchette depuis février 1957.

Cela résonne comme une alliance contre nature, et ce, d'autant plus que l'adjectif chauve caractérise le plus souvent un crâne masculin.

De plus, ce titre jouit d'une dimension phonique suggestive : l'article et le nom s'élancent et se déploient dans des syllabes amples et ouvertes, pour retomber sur un adjectif étriqué qui ferme la bouche dans une moue dérisoire.

Que peut-on attendre à partir d'un tel titre ?

Une nuit à l'opéra façon Marx Brothers ? L'histoire drolatique de quelque Castafiore qui ne rirait déjà plus, se voyant moins belle en son miroir ? A 1

• Un écho inhabituel

Le titre n'agit plus seulement par lui-même, mais aussi et surtout par rapport au genre auquel il renvoie. Cette précision générique modifie les attentes et convoque des compétences intertextuelles. A 2.3

Le titre fonctionne alors comme un signal :

– Il renvoie à d'autres titres d'œuvres théâtrales et affirme *stricto sensu* une différence formelle.

– Il interroge sur un registre.

Sur une scène, on imagine un personnage singulier. Mais dans quel type de pièce ?

Activités

1. En utilisant vos connaissances sur d'autres œuvres dramatiques, quelles remarques pouvez-vous faire sur les titres :
– Comment sont-ils construits ?
– Qu'évoquent-ils de l'intrigue, des personnages, du registre de la pièce ?
– Y a-t-il des sous-titres ? À quoi servent-ils ?
– Quel classement peut-on en proposer ?

2. Pour vous, qu'est-ce qu'une pièce de théâtre ?

3. Comment reconnaît-on une œuvre théâtrale ?

En effet, si nous passons en revue quelques œuvres théâtrales célèbres et dont le titre évoque un personnage, nous observons qu'il est rarement fait mention de détails physiques.

À la rigueur, nous pouvons trouver un signe vestimentaire comme dans *La Dame aux camélias* ou encore une couleur de cheveux par le biais d'une métaphore : *Poil de carotte ;* mais convenons que les exemples n'abondent pas.

Plus fréquemment, le titre désigne le héros sous son nom :

– *Horace.*
– *Britannicus.*
– *Andromaque.*
– *Cyrano de Bergerac.*

Il peut renvoyer à un caractère clairement défini :

– *L'Avare.*
– *Le Misanthrope.*
– *Le Menteur.*

Parfois, certaines caractéristiques morales ou psychologiques sont accolées aux personnages désignés :

– *Les Précieuses ridicules.*
– *Les Femmes savantes.*
– *La Mère coupable.*
– *Le Cocu magnifique.*

Le plus souvent, le titre suggère une intrigue et, qui sait, un dénouement :

– *Les Fourberies de Scapin.*
– *Les Caprices de Marianne.*
– *Le Mariage de Figaro.*
– *Le Petit Maître corrigé.*

La Cantatrice chauve détonne dans un tel concert de titres. Serait-elle inclassable ?

– Ce ne saurait être une tragédie, l'association de ces deux termes est par trop saugrenue.

– Est-ce un drame ? Peut-on songer à une action douloureuse ? Comment cette femme est-elle devenue chauve ?

Dans quelles circonstances violentes ou pénibles ? En quoi serait-ce pathétique ?

– Certes, on songe plus aisément à une œuvre comique, sans en définir pour autant le registre : farce, canevas de commedia dell'arte, comédie, comédie-ballet, comédie musicale, opéra bouffe, opérette ?...

• Une anti-pièce ?

Le sous-titre fournit une indication générique inattendue. Il démarque le texte qu'il annonce et crée une distorsion. Que peut bien être une œuvre théâtrale qui affirme ainsi une opposition, voire une rupture, avec une norme implicite ?

Ce titre, *La Cantatrice chauve,* ne devient-il pas, de ce fait, le signe inaugural d'une anti-pièce : un anti-titre ?

Ne se fait-il pas l'indice d'un rapport nouveau au langage, si l'on considère, dans *La Cantatrice chauve,* des mots associés en raison même de leur incompatibilité, dans le signifiant comme dans le signifié.

N'est-il pas l'indice d'un rapport nouveau au personnage, si l'on voit, dans « cantatrice » un mot vague ou si connoté qu'il ne renvoie plus à rien, à force de renvoyer à trop de clichés.

Voilà déjà beaucoup de significations, mais pour quel sens, si l'on ajoute avec « *chauve* » un détail physique qui, au lieu de donner de l'épaisseur au personnage, le rend incongru ou dérisoire ?

Annoncerait-il une intrigue excentrique ?

Plusieurs hypothèses restent possibles : un titre peu conventionnel pour une œuvre qui se jouerait des conventions ? Une anti-pièce par rapport à une certaine idée du théâtre saisi dans un code rhétorique ? Une anti-pièce par rapport à une esthétique théâtrale ?

Et si cette œuvre inaugurait un nouveau théâtre ?

❑ Présentation(s)/représentation(s)

Un rapide coup d'œil sur les pages qui ouvrent le livre nous incite à penser que nous sommes bien au théâtre. Les règles communément admises de présentation, de composition sont respectées : liste des personnages, distribution de la pièce en scènes, didascalies, répliques…

A 1

Nous sommes en terrain reconnu. Alors, pourquoi « anti-pièce » ? Le terrain serait-il miné ?…

A 2

• La liste des personnages

Elle est d'une banalité exemplaire, et cette banalité fait signe dans la distorsion qui, là encore, s'instaure. Reprenons cette liste :

M. Smith
Mme Smith
M. Martin
Mme Martin
Mary, la bonne
Le Capitaine des Pompiers

Que remarquons-nous ?

1. Une forme conventionnelle.

En effet, cette liste figure à sa place habituelle, et elle informe sur les personnages qui seront présents sur scène.

2. Des noms propres que nous dirons très « communs » : Smith, Martin, Mary… L'identité des noms laissent sup-

Activités

1. Après avoir feuilleté l'ouvrage, qu'est-ce qui vous permet de dire que nous sommes en présence d'une œuvre théâtrale ? Relevez les indices formels et définissez leurs caractéristiques habituelles.

2. Que nous indique la liste des personnages ? Quels sont ceux dotés de qualifications ? Quel effet produisent ces dernières ?

poser des liens familiaux entre les deux Smith et les deux Martin : ils constituent des couples. En revanche, on ne sait pas de qui Mary est la bonne.

3. Des personnages communément admis au théâtre : une bonne…

Le terme est intéressant à étudier. En effet, il n'a pas la même résonance que « domestique » ou « servante ». Sans être péjoratif, il est porteur d'une connotation sociale : la famille bourgeoise du XIXe siècle, avec son cortège de servitudes. Ne dit-on pas « bonne à tout faire » ?

Le mot « servante », quant à lui, suggérerait plutôt l'univers de la comédie, avec non plus des tâches à accomplir, mais une fonction à assurer dans la pièce.

Nous songeons aux servantes qui, de Molière à Beaumarchais, en passant par Marivaux, ont incarné le bon sens, la ruse et le franc-parler. Elles se moquent, servent ou proposent des stratagèmes pour tourner en dérision leurs maître et maîtresse, ou, au contraire, les servir aux mieux de leurs intérêts.

Qu'en est-il de Mary ?

N'est-elle qu'une utilité : celle qui introduit les uns ou les autres sur scène ?

A-t-elle une fonction déterminée dans la pièce ?

Rejoindrait-elle ainsi les servantes de comédie ?

Mais sommes-nous dans une comédie ?…

4. Des personnages peu communs sur une scène, car on les attendrait plutôt en coulisses : un Capitaine des Pompiers…

Ce dernier personnage inattendu brouille les pistes. Ce n'est pas un pompier indéfini, mais Le Capitaine des Pompiers. Sa présence ouvre-t-elle une piste quant à l'intrigue : aurait-il sauvé la Cantatrice ?

Cette dernière aurait-elle perdu ses cheveux dans un incendie ?

Un constat s'impose, cependant : la liste des personnages met en évidence une absence, celle de la Cantatrice.

Mais, après tout, les Arlésiennes sont parfois plus présentes que les personnages en scène...

Nous évoluons autour de la pièce ; limités aux seuils, nous tournons en rond. Il suffit d'entrer !

• « Intérieur bourgeois anglais »

Intérieur bourgeois anglais, avec des fauteuils anglais.

A Tels sont les premiers mots des didascalies qui, placées en début de scène assurent que nous sommes bien au théâtre et inscrivent la représentation en creux dans le tissu du texte.

Dans *La Cantatrice chauve*, le texte des premières didascalies est d'une précision perverse. Il fonctionne comme un texte autonome, façon, « exercices de style » à la Queneau, et, simultanément, s'inscrit dans un dialogue obligatoire avec les répliques :

> *Intérieur bourgeois anglais, avec des fauteuils anglais. Soirée anglaise. M. Smith, Anglais, dans son fauteuil et ses pantoufles anglais, fume sa pipe anglaise et lit un journal anglais, près d'un feu anglais. Il a des lunettes anglaises, un petite moustache grise, anglaise. À côté de lui, dans un autre fauteuil anglais, Mme Smith, Anglaise, raccommode des chaussettes anglaises. Un long moment de silence anglais. La pendule anglaise frappe dix-sept coups anglais.* (p. 11)

Activités

- *Quelles informations fournissent les premières didascalies de la scène I (p. 11 et 12) ? Quelles réflexions vous inspirent-elles ? Qu'ajoute le fait de savoir que, dans la représentation, elles seront lues en voix off ?*

Repères

LES DIDASCALIES

1. D'un texte secondaire à un texte double

Rédigées par l'auteur, mais non prononcées par les acteurs, elles formulent en général les conditions d'énonciation du dialogue théâtral.

Leur statut et leur fonction ont considérablement évolué. Rares, voire absentes, dans le théâtre classique, elles se développeront au XVIIIe siècle pour devenir essentielles dans le théâtre moderne.

Du texte secondaire informant sur une mise en scène possible, on est passé progressivement au texte double qui remplace, corrige ou annule le texte des répliques.

Traditionnellement :

- Elles indiquent le nom des personnages et la répartition de la parole.
- Elles renseignent sur les entrées et sorties des personnages.
- Elles précisent les gestes et actions des personnages ainsi que leurs attitudes et évolutions en scène.
- Elles donnent des indications sur le ton à adopter, le débit de la voix, les pauses et les silences.
- Elles décrivent les décors, costumes et accessoires.
- Elles informent sur les lieux et moments de l'action.
- Elles fournissent des notations sur les éclairages et bruitages.

En effet, si l'on peut aisément imaginer un intérieur anglais à partir de quelques clichés fortement ancrés, s'il est aisé de se procurer les accessoires évoqués, il devient très vite impossible d'attester de leur spécificité anglaise sauf, bien entendu, pour le journal dont le titre marquerait l'origine.

L'adjectif « anglais » apparaît quatorze fois en huit lignes. Il est accolé à « une pipe », « un feu », « des chaussettes » et « une moustache ». La précision des détails dynamite les didascalies et rend toute représentation impossible, sauf si le texte des didascalies est lu, en scène, en voix off.

De même, nous sommes informés que la pendule « frappe dix-sept coups anglais », et si la notation à de quoi surprendre, elle explose vraiment dans la première réplique de Mme Smith :

> Tiens, il est neuf heures. (p. 11)

D'emblée, nous sommes immergés dans l'artifice d'une convention, comme s'il fallait à tout prix revendiquer l'illusion théâtrale et dénoncer toute prétention à représenter la réalité et à vouloir faire vrai.

Alors, *La Cantatrice chauve* est-elle une mise en pièces du théâtre ? Ou le théâtre mis en pièce ? Autrement dit, une anti-pièce…

Activités

- *À partir de vos connaissances sur les didascalies « traditionnelles » et des repérages effectués en pages 11 et 12, élaborez un tableau comparatif. Vous pourrez utiliser les indications fournies dans le Repères sur les didascalies (p. 15) pour définir les entrées pertinentes.*

II. OUVERTURE

❑ Exposition/Explosion

• L'exposé de Mme Smith

Le discours des personnages s'ouvre sur une longue tirade de Mme Smith qui soliloque à côté de son époux muet. Ionesco ne prend même pas la peine de laisser le personnage se dévoiler, au fil des répliques. Mme Smith

Activités

1. Quels sont les personnages en présence dans la scène I ?

2. Quelles remarques vous inspire la première réplique de Mme Smith ? À qui renvoie le pronom personnel « nous » ? Comment interprétez-vous la relation causale dans la dernière phrase de la réplique ?

3. À qui s'adressent les premières répliques de Mme Smith (jusqu'à l'intervention parlée de M. Smith) ? Justifiez votre réponse.

4. Que penser des claquements de langue de M. Smith ?

5. De quoi parle Mme Smith ? Relevez et classez les informations fournies.

6. Pourquoi et comment M. Smith intervient-il ?

7. Quels sont les sujets abordés, quand le dialogue s'instaure entre M. et Mme Smith ?

8. Relevez les noms et caractéristiques des personnages évoqués par les Smith. Dans la perspective d'une étude menée ultérieurement, vous pourrez privilégier quelques entrées :
– données biographiques (nom, âge, sexe, caractéristiques physiques, goûts, profession...) ;
– données dramaturgiques (rôle dans l'intrigue, fonction dans l'action).

9. Qu'apprenons-nous sur les Smith ? (Les mêmes entrées que précédemment peuvent être retenues.)

10. Comment progresse la scène I ? Peut-on distinguer des temps forts ? Justifiez les réponses par des éléments textuels précis.

décline son identité, et son mari ponctue ce soliloque par un claquement de langue dont on ne sait s'il est phatique (il maintiendrait le contact entre les deux protagonistes), constitutif du personnage (tic), ou s'il révèle le mouvement d'humeur d'un époux excédé par le bavardage de sa femme.

La première éventualité serait plus juste, dans la mesure où les personnages paraissent « jouer à l'exposition ». Après tout, dans une exposition, c'est au public que le personnage s'adresse pour évoquer une situation antérieure que les protagonistes connaissent déjà.

Il s'agit d'informer le spectateur, et c'est une convention admise.

Repères

L'EXPOSITION

1. Une « mise en vue »

L'exposition fait partie de ces conventions qui fondent l'illusion théâtrale.

Préalable nécessaire, elle atteste de la double énonciation au théâtre :

- C'est le moment où les personnages entrent en scène, en parole, se situent et situent l'action avant de la vivre.
- C'est le moment où l'auteur, à travers eux, s'adresse aux spectateurs pour « mettre en vue » (selon l'étymologie) tout ce qu'il est nécessaire de connaître pour que l'intrigue soit intelligible.

L'exposition ne se limite pas à la première scène, qu'il est préférable de nommer scène d'ouverture, mais peut s'étendre sur plusieurs scènes, voire sur un acte.

2. Intrigue, action, attente...

Elle instruit sur les données de l'action :

- OÙ ? (Le ou les lieux de l'action).
- QUAND ? (À quel moment commence la pièce ? Que s'est-il passé hors-scène ? Où en sommes-nous de l'intrigue ?)

• QUI ? (Quels sont les personnages ? Qu'apprend-on de leurs relations ? Que connaît-on de leurs déterminations psychologiques ?)

• POUR QUOI ? (Quels sont les enjeux de l'action ? Quelles sont les motivations des personnages ?)

Pour conclure, nous dirons que l'exposition est apéritive :

• Elle ouvre sur l'intrigue.
• Elle prépare l'action.
• Elle crée une attente.

Ici, la fonction traditionnelle de l'exposition implose, comme si un illusionniste dévoilait ses trucs avant de réaliser son tour. On est au théâtre, alors pourquoi faire semblant !

Quand Mme Smith dit « nous », décline son identité (« notre nom est Smith »), elle s'adresse directement au spectateur. En effet, son mari assistait au repas évoqué, et à moins d'être en présence d'amnésiques, une telle indication est superflue.

Le discours de Mme Smith est d'une vacuité désarmante, et les faits exposés ne présentent aucun intérêt pour la compréhension de l'action et l'enjeu de la pièce. On s'enlise dans l'insignifiance, et le contenu informatif est pour le moins surprenant.

On y parle de tout.

– De menu :

> Nous avons mangé de la soupe, du poisson, des pommes de terre au lard, de la salade anglaise. (p. 11)

> La tarte aux coings et aux haricots a été formidable. (p. 13)

– De considérations culinaires sur la manière d'accommoder les pommes de terre :

> Elles sont très bonnes avec le lard. (p. 11)

– Des mérites comparés de certaines huiles de table :

> L'huile de l'épicier du coin est de bien meilleure qualité que l'huile de l'épicier d'en face, elle est même meilleure

que l'huile de l'épicier du bas de la côte. Mais je ne veux pas dire que leur huile à eux soit mauvaise. (p. 11-12)

Pour finir, l'huile de l'épicier du coin sera portée aux nues et gagnera les sphères du superlatif.

– Des recommandations à adresser à Mary, la bonne. Sur la cuisson des pommes de terre :

Mary a bien cuit les pommes de terre, cette fois-ci. (p. 12)

« La dernière fois », « Elle ne les avait pas bien fait cuire ». Sur la soupe « un peu trop salée », dans laquelle il y aurait eu « trop de poireaux et pas assez d'oignons » (p. 12-13).

– De l'attitude, à table, des membres de la famille Smith. Rien ne nous est épargné. Mme Smith a pris « trois fois du poisson », ce qui a sur elle, des effets laxatifs.

M. Smith semblait sans appétit.

Le petit garçon « aurait bien voulu boire de la bière », mais il a bu de l'eau. Hélène, elle, « ne demande jamais à boire de la bière anglaise ». Peggy « ne boit que du lait et ne mange que de la bouillie » (p. 13).

– Des vertus du « yaourt roumain folklorique » excellent « pour l'estomac, les reins, l'appendicite et l'apothéose » (p. 14).

Malgré les insistances sur la nourriture, ce pourrait être un inventaire à la Jacques Prévert, mâtiné de naturalisme. Les menus faits quotidiens envahissent la scène et nous submergent.

Quand Mme Smith nous fournit des indications sur sa famille, elles sont d'ordre anecdotique. Hélène ressemble à sa mère. Le fils, qui n'est pas nommé, ressemblerait à son père. Peggy a 2 ans.

Si la liste des personnages ne nous a pas précisé de qui Mary était la bonne, Mme Smith le fait.

Mme Smith parle de *tous*, de sa famille et de ses voisins, sans les inscrire vraiment dans une intrigue. Ils sont juxtaposés dans son discours. Les premiers sont liés par un repas pris en commun et sans incident ou péripétie particuliers. Les seconds apparaissent *ex abrupto*, sans liens réels avec ce qui précède :

– Mrs Parker connaît Popesco Rosenfeld, l'épicier roumain qui fait des yaourts rares « dans les environs de Londres » (p. 13-14).

– Le yaourt, d'après le docteur Mackenzie-King « qui soigne les enfants de nos voisins, les Johns » (p. 14) est excellent.

– D'ailleurs, Parker a été opéré par lui, et avant de réaliser l'opération, il l'a expérimentée sur lui.

Les faits s'alignent comme les noms, enfilés sur une longue phrase monologuée. Cela ressemble à une conversation banale qui surprend ici, car on ne sait où l'on va et, encore moins, d'où l'on part.

Si nous apprenons que les personnages vivent dans les environs de Londres, il nous est plus difficile de nous repérer dans le temps. Il pourrait être neuf heures et le repas vient de s'achever. Mais la pendule semble d'un autre avis. Que s'est-il passé avant le repas ? Que s'est-il passé pendant le repas ? Rien. Le repas.

Cependant, il faut rappeler les modifications d'attitudes par rapport au passé :

– « Cette fois-ci », Mary s'est avérée meilleure cuisinière (p. 12).

– « D'habitude », M. Smith mange plus que son épouse *(ibid.)*.

Il faut mettre en évidence, des engagements pour l'avenir :

– « La prochaine fois, je saurai m'y prendre », déclare Mme Smith, à propos de l'adjonction d'anis étoilé dans la soupe (p. 13).

– « Demain », Mme Smith achètera une « grande marmite de yaourt » à Popesco Rosenfeld.

• Quand le dialogue s'instaure

Enfin, M. Smith prend la parole. Il sort de son mutisme pour s'interroger sur la mort de Parker. Il interrompt sa femme sur un point critique : comment se fait-il que le docteur Mackenzie-King ait réussi sur lui l'intervention chirurgicale, et qu'elle ait échoué sur Parker ?

Qui est ce Parker qui vient de mourir ? A-t-il un rôle dans l'intrigue ?

M. Smith sort de son journal pour interpeller sa femme, à ce propos. Est-ce un signe ?

De même, la mort de Bobby Watson annoncée dans le journal provoque-t-elle Mme Smith :

> Mon Dieu, le pauvre, quand est-ce qu'il est mort ? (p. 16)

Va-t-elle engager l'action ?

Dans l'un et l'autre cas, le pétard est mouillé, et très vite, l'on s'aperçoit qu'il s'agit avant tout de se renvoyer la balle.

On attend que l'action se mette en place, mais rien ne prend. Pourquoi Parker est-il mort ? Eh bien, peut-être tout simplement parce qu'il n'est plus vivant. Entre tautologie et lapalissade, l'esprit balance. Mme Smith semblait surprise de la mort de Bobby Watson, mais tout cela s'annule dans la réplique de son époux :

> Pourquoi prends-tu cet air étonné ? Tu le savais bien. Il est mort il y a deux ans. Tu te rappelles, on a été à son enterrement, il y a un an et demi. (p. 16)

Ce qui est dit n'informe pas sur l'intrigue à venir, et pourtant la scène progresse, portée par les mots qui semblent rebondir les uns sur les autres. « Il est mort il y a *deux ans*. [...] son enterrement, il y a *un an et demi* ».

• « C'est parce que nous habitons dans les environs de Londres... »

La relation de cause à effet qui structure une intrigue est tournée en dérision dès la première scène de *La Cantatrice chauve*, et l'on peut se demander dans quelle mesure la construction de la première réplique ne fait pas écho à la construction dramatique, ou l'inverse ?

Langage et langage dramatique s'interpénètrent, et l'on peut se demander si les jeux de langage ne seront pas ici ce qui construit l'intrigue et dynamise l'action ? Cette dernière renvoie communément au passage, logique, temporellement marqué, d'une situation à l'autre. Elle suppose un mouvement, une progression, des changements, un enchaînement causal. Mais, dans *La Cantatrice chauve*, le temps s'affole, et les mots comme les épisodes s'enchaînent avec la logique du délire.

En fait, la première réplique de Mme Smith a peut-être valeur de symbole et permet d'esquisser des hypothèses de lecture. À un passé immédiat évoquant le repas, un passé-constat, elle donne une cause absurde car décalée :

> C'est parce que nous habitons dans les environs de Londres et que notre nom est Smith. (p. 11)

Toute idée de progression selon les schémas habituels est niée. Les notions de déterminations psychologiques des personnages, de confrontations de forces agissantes, de schéma actantiel apparaissent ici caduques.

Cette exposition n'en est pas une, et il ne saurait y avoir de conflit. Rien de ce que disent les personnages n'a de sens, mais l'on procède avec logique. Le discours se pare des attributs du raisonnement logique, et ce qui importe, c'est d'avoir raison. S'il y a mouvement dans cette scène où les personnages demeurent longtemps figés, il tient aux effets de rupture :

1. Immobilité des personnages/bousculade des mots et phrases

La première scène se déroule dans une grande économie de gestes. En effet, les personnages sont assis. Les didascalies nous précisent que : « M. Smith [...] dans son fauteuil anglais [...] lit un journal anglais » et que, « dans un fauteuil anglais, Mme Smith, Anglaise, raccommode des chaussettes anglaises » (p. 11). Le ping-pong verbal sur Bobby Watson tournera à la passe d'armes, et seule la petite querelle finale les fera se lever pour finir dans les bras l'un de l'autre :

Il la prend par la taille et l'embrasse

nous indiquent les didascalies finales (p. 21).

2. *Cacophonie de bulles sonores/Silence*

On peut noter, d'ailleurs, que l'auteur évoque une « pause » dans une didascalie (p. 15). Elle sera suivie d'« un autre moment de silence » (p. 16). Les personnages seront muets et la pendule se manifestera comme un gong sur un ring :

> *Un autre moment de silence. La pendule sonne sept fois. Silence. La pendule sonne trois fois. Silence. La pendule ne sonne aucune fois.* (p. 16)

Entre deux rounds, les adversaires se reposent. Dans cette escalade verbale, la déraison du plus fort sera toujours la meilleure. Ainsi, Bobby Watson n'est plus qu'un mot et sa parentèle folle donnerait des complexes à Œdipe.

Les péripéties ne sont plus que jeux sur les mots, « associations d'idées ». À la fin de la scène les gestes s'accélèrent, se font violents :

– M. Smith s'irrite du harcèlement verbal auquel le soumet sa femme :

> Je ne peux pas tout savoir. Je ne peux pas répondre à toutes tes questions idiotes ! (p. 20)

– Mme Smith voit là une provocation :

> Tu dis ça pour m'humilier ? *(Ibid.)*

– Elle est « offensée » (didascalie de la page 20).

– La colère la gagne :

> *Elle jette les chaussettes très loin et montre ses dents. Elle se lève.* (Didascalie de la page 21)

– Selon les propos de son époux, « elle crache le feu » (p.21).

On pourrait croire à une rupture, mais, très vite, cela tourne court. On se réconcilie :

> *Il la prend par la taille et l'embrasse.* (p. 21)

et la scène s'achève sur :

> Viens, nous allons éteindre et nous allons faire dodo ! *(Ibid.)*

Fin de la scène I. Tout y était :

– Le pseudo-conflit et sa résolution.

– Le nœud.

– Le dénouement.

Mais cela ne renvoie à rien d'autre qu'à la scène I qui paraît fonctionner en autarcie, comme n'importe quel sketch. On ne sait plus où l'on va, et l'on sait tout juste où l'on est :

– Dans un univers où les horloges, comme dans l'univers des contes d'Hoffmann, cessent d'être des objets pour devenir des actants.

– Dans un univers où les personnages disposent d'une identité incertaine, à la fois commune et insolite.

– Dans un univers où les dialogues n'expriment rien mais impriment son mouvement à la scène.

Alors, y a-t-il un sujet à cette pièce, et quel est-il ?

Anti-pièce, parce qu'elle ne jouerait pas le jeu habituel ? Anti-pièce, parce que les règles connues, elle jouerait de leur transgression ?

❑ « Fable expérimentale »

• « Voulez-vous que je vous raconte des anecdotes ? »

S'interroger sur la dimension narrative de la pièce, sur la fable, pose d'emblée de nombreuses questions et permet l'élaboration d'hypothèses pertinentes pour interroger l'œuvre.

– Qu'est-ce que ça raconte ?

– De quoi ça parle ?

Activités

• *À l'issue de la lecture de cette première scène, imaginez la suite de la pièce en tenant compte de la liste des personnages et du titre. Ce résumé de l'intrigue imaginée ne devra pas excéder vingt lignes.*

– C'est quoi comme histoire ?

– Quel est l'argument ?

Cependant, gardons-nous de toute confusion. Il ne s'agit pas encore de réfléchir sur l'intrigue, l'agencement dramatique, le fonctionnement de l'action et la dynamique théâtrale, mais de privilégier le contenu de la fiction ; ce qui pourrait développer le titre comme on développe le négatif d'une photo.

En effet, le titre constitue un résumé lacunaire et partiel de l'œuvre : l'histoire le remplit et s'y dissimule. Jamais dans cette œuvre nous ne croiserons de cantatrice, et encore moins chauve. Elle apparaîtra au détour d'une réplique, comme s'il fallait affirmer que tout cela n'a aucune importance, qu'il n'y a pas de sujet, et que, peut-être, nous sommes dans une « fable expérimentale » (p. 56).

LE POMPIER

se dirige vers la sortie, puis s'arrête.

À propos, et la Cantatrice chauve ?

Silence général, gêne.

Mme SMITH

Elle se coiffe toujours de la même façon !

LE POMPIER

Ah ! Alors au revoir, Messieurs, Dames. (p. 70)

• « Curieuse histoire. Presque incroyable »

Alors, il n'y aurait pas d'histoire, mais des gens qui parleraient, multiplieraient les récits, les anecdotes. Ce serait donc l'histoire de gens qui se racontent des histoires.

Activités

• *Vous avez lu* La Cantatrice chauve *dans son intégralité. Que raconte cette pièce de théâtre ? Résumez-la en cinq lignes, dix lignes, vingt lignes, en un nombre de lignes indéterminé. Que remarquez-vous ?*

Ils se connaissent, s'invitent, mais n'ont pas l'air de s'attendre.

Ils sont mariés, font semblant de ne pas se connaître et jouent à se reconnaître.

Ils ont été amis, peut-être plus : le Pompier n'avoue-t-il pas que Mary a « éteint ses premiers feux » (p. 66).

Par où commencer ? Y a-t-il un commencement ?

Peut-on composer un ordre des faits, établir des liens de consécution, des enchaînements logiques qui permettraient de rendre compte du sujet de la pièce en rétablissant la chronologie des faits ?

On se trouve, à l'évidence, dans l'impossibilité de rassembler ces micro-récits qui fonctionnent en autonomie comme autant de sketchs, de saynètes, et de donner un sens à ce chaos ?

Ils sont souvent organisés :

– autour de personnages éphémères qui bénéficieront de développements plus ou moins longs (ils s'appellent Popesco Rosenfeld, Mackenzie-King, Parker...et, surtout, Bobby Watson) ;

– autour de faits quotidiens et anodins. Il s'agit d'un repas, d'une intervention chirurgicale, d'un emploi du temps (celui de Mary), de scènes de rue (un homme qui lit son journal et un autre qui lace sa chaussure), etc. ;

– autour d'une scène de fausses retrouvailles (IV) ;

– autour de fables et poèmes divers : « Le Chien et le bœuf », « Le Jeune Veau », « Le Coq », « Le Serpent et le renard », « Le Bouquet », « Le Rhume » et le poème de Mary « Le Feu ».

Mais l'essentiel est-il là ?

Il ne se passerait donc rien : des personnages passeraient, se passeraient la parole, mais il n'y aurait ni intrigue ni action.

On se perdrait dans les détails, les personnages s'accumuleraient comme les chaises dans la pièce du même nom :

– présents en scène ;

– présents en discours ;

– absents/présents.

Mais rien ne prendrait ; un peu comme dans l'histoire du pompier : « Le Rhume » (VIII) qui n'en finit pas de ne pas commencer, de multiplier les détails dans un rythme accéléré et fou.

– Mais pourquoi ?

– Ces gens ne sont-ils rassemblés que pour cela : raconter des anecdotes parce qu'il n'y a pas d'histoire ?

Une telle inflation narrative n'est pas sans surprendre. Le théâtre n'est-il pas dialogue, lieu du dialogue ?

Peut-on concevoir un théâtre où le récit l'emporterait, et où rien ne se passerait en scène ? Peut-on concevoir un théâtre où l'action même rendrait compte de l'impossibilité d'agir et de modifier quoi que ce soit ?

Alors, plutôt que de s'interroger sur le sens de l'histoire, ne conviendrait-il pas de s'interroger sur le sens de cette manière de raconter des histoires, car c'est d'une « anti-pièce » qu'il s'agit ne l'oublions pas.

Repères

LE FAIT DRAMATIQUE

Évoquer le fait dramatique, c'est faire appel à la fois au texte et à la représentation.

1. Le texte

Il comprend deux dimensions :

• Les *didascalies* destinées aux praticiens du théâtre, présentes au lecteur et ignorées du spectateur.

• *Le discours rapporté* des personnages qui simule l'échange de soi-même à soi-même ou de soi-même aux autres : dialogue, monologue, aparté.

Comme le nomme Pierre Larthomas, c'est un langage « comme surpris ».

2. La représentation

Elle met en scène le texte, le met en bouche et en corps.

Le texte écrit devient parole proférée. Les voix, les intonations, les gestes participent alors de ce qu'est le langage dramatique : un « langage représenté », un « langage total* » :

> Non seulement les éléments proprement verbaux prennent un relief extraordinaire, mais encore tout ce qui les accompagne : gestes, contexte, action, situation, etc., ont plus d'importance que dans la vie où, très souvent préoccupés avant tout de comprendre ou d'être compris, nous ne témoignons d'intérêt qu'aux seules paroles et à leur seule signification.

L'écrit précède le dit, et alors que le texte demeure dans sa matérialité, la représentation est éphémère.

* P. LARTHOMAS, *Le Langage dramatique*, PUF, 1993.

III. PARTITION

C'est en s'appuyant sur une connaissance antérieure du théâtre, sur des conventions, qu'Eugène Ionesco bâtit ce théâtre de l'impossible ou cet impossible théâtre.

Cela est construit, parfaitement orchestré, et si la cantatrice est chauve, si la musique s'affole et tourne à la cacophonie, la partition est maîtrisée. A

❑ Précis de composition : le formel

• Les repères

Tous les repères sont là comme autant de leurres. Ils avouent la théâtralité, la revendiquent et participent de la mise en place d'une illusion comique pour mieux dénoncer une comédie illusoire. « Malgré les coïncidences extraordinaires qui semblent être des preuves définitives » (p. 32), tout n'est que trompe-l'œil.

Ainsi, *La Cantatrice chauve* est composée de onze scènes qui correspondent chacune à l'entrée ou à la sortie d'un personnage. Là encore, force est de constater l'apparente banalité du procédé. En effet, de telles divisions structurent bien des œuvres dramatiques : elles organisent l'action et participent de l'agencement de l'intrigue.

De plus, Ionesco fait appel à des formes en usage qui créent en nous des attentes.

Activités

1. *Combien de scènes comporte cette œuvre ? Cette structure est-elle surprenante par rapport à d'autres œuvres théâtrales lues ou étudiées ?*
2. *Quels types de scènes repère-t-on ? De quelle longueur ? Quels sont les personnages présents dans chaque scène ? Quelles remarques cela vous inspire-t-il ?*

– Scène d'ouverture à laquelle on ne saurait reprocher de ne rien exposer, tant les détails abondent ; mais le contenu informatif a fui.

– Scènes de transition, de liaison qui évitent au plateau de demeurer vide. Nous songeons ici à la scène III, qui permet à Mary d'introduire les Martin, et à la scène IV, qui les voit reprendre leurs places initiales.

– Scène d'aparté (V).

– Scène de retrouvailles (IV) chère aux drames et comédies boulevardières.

Mais ce qui interpelle ici, c'est :

– La distorsion par rapport à une convention, une règle admise.

– L'écart entre l'incohérence de l'histoire et, peut-être, son inexistence, et la rigueur dramaturgique qui anime l'auteur. En effet, à l'intérieur d'une forme donnée, en usant d'un code rhétorique aisément identifiable, l'auteur met en place ce qui constituera un des ressorts dramatiques de *La Cantatrice chauve* : l'effet de rupture, l'effet de surprise.

L'écriture didascalique, quant à elle, est d'une étonnante vigueur et semble organiser le texte comme si, à défaut de cohérence dans l'histoire, il fallait de la cohésion dans la composition.

Écart, rupture et distorsion ne sont-ils pas les maîtres mots de cette dramaturgie qui, pour fonder sa différence et son étrangeté, utilise des repères conventionnels ?

Les didascalies indiquent, avec une précision maniaque, les entrées et sorties des personnages, et cela n'est pas sans faire signe.

Activités

1. *Dans la scène V, quels indices formels montrent que nous sommes bien dans une scène d'aparté ?*
2. *Quelle est la teneur du message délivré par Mary ?*
3. *En quoi ses révélations pourraient-elles modifier l'intrigue ?*
4. *Quel effet produit cette scène ?*

Ainsi, dans les scènes II et VII, Ionesco note par où les personnages entrent et sortent. Il veille à faire sortir les Smith à droite et à faire entrer les Martin à gauche. Ces indications prêtent à sourire quand on songe au délire verbal qui caractérise chacune des scènes. La banalité de la convention se donne à voir comme cadre d'un tableau au sujet fou. Les scènes deviennent autant de repères qui définissent ce cadre. Elles ne sont plus seulement unités dramatiques mais jalons qui délimitent un espace clos une fois pour toutes.

• Théâtre dans le théâtre

De même que Ionesco se joue des repères conventionnels, il donne l'impression de jouer avec les ambiguïtés du théâtre et des mots du théâtre.

On peut d'ailleurs imaginer des variations polysémiques sur les termes *pièce* et *scène*. La scène IX nous fournit un indice pour interroger l'œuvre en ce sens. Le mot « pièce » figure dans les didascalies à la fin de la scène. Nous lisons :

> *Elle dit le poème poussée par les Smith hors de la pièce.* (p. 69)

Ce terme nous interpelle. De quoi s'agit-il ?

– Le mot PIÈCE renvoie au théâtre, mais aussi à un lieu.

– Le mot SCÈNE évoque une unité de subdivision, mais également le plateau où se donne la représentation.

Non seulement Mary est poussée hors du lieu, mais aussi hors de la scène, et l'on peut s'interroger sur ce télescopage de sens. N'est-elle pas, avant tout, un personnage du « hors scène » ?

Nous pouvons confirmer cette approche par la scène V, au cours de laquelle elle vient commenter pour le public ce qui vient de se passer entre les Martin.

Cet aparté tissé de révélations surprenantes laisse supposer qu'elle écoute aux portes. En ce sens, elle joue le rôle traditionnel de la bonne de comédie et provoque un coup de théâtre. Cependant, le coup de théâtre n'est pas dans ce que l'on apprend des Martin, à savoir que Donald n'est pas Donald, et Élisabeth n'est pas Élisabeth, mais dans la scène d'aparté saisie dans sa dimension formelle et ses ficelles énormes.

Il est à noter que les Martin qui sont censés dormir et ne pas entendre ce qui est dit – convention admise – montreront qu'ils ont tout entendu – convention tournée en dérision . À la scène IX, M. Martin signalera qu'elle « peut faire, parfois, un assez bon détective » (p.67). Il prouve par là qu'il a parfaitement entendu ses derniers propos :

> Mon vrai nom est Sherlock Holmès. (p. 32)

Mary est à part, en dehors. Hors scène, mais présente sur le plateau. Dans le texte, mais hors-jeu dramatique. Comme lui dira M. Smith à la scène IX, elle est « vraiment déplacée » (p. 65).

Ici, l'aparté ressemble fortement à une parole d'auteur, car si Mary est Sherlock Holmès, pourquoi Ionesco ne serait-il pas Mary ? Ne dit-elle pas :

> Qui donc a intérêt à faire durer cette confusion ? (p. 32)

L'aparté ne renverrait donc pas ici à l'intrigue, mais à la création théâtrale. L'auteur investirait le plateau pour rappeler que le théâtre n'est pas la Vie, mais une création, un jeu. L'écrivain viendrait dénoncer les conventions en utilisant les procédés mêmes du théâtre.

Il s'agit d'une représentation théâtrale et non pas d'une représentation de la vie. Les acteurs ne sont pas les personnages qu'ils interprètent, mais ils jouent. Ils sont mis en scène.

Il est d'ailleurs intéressant de noter que les personnages donnent toujours l'impression de se présenter comme des personnages de théâtre :

> Notre nom est Smith. (p. 11)
>
> Je suis la bonne

déclare Mary lors de sa première intervention (p. 21).

Cette nécessité de rappeler le théâtre dans le théâtre court dans *La Cantatrice chauve*. Les personnages semblent parfois se donner entre eux des représentations : scènes IV, VIII.

Dans cette dernière scène, M. Smith et les Martin « applaudissent » à l'initiative du Pompier qui veut raconter des anecdotes :

> Oui, oui, des anecdotes, bravo ! (p. 54)

La convention théâtrale est ici détournée, prise au pied de la lettre. L'aparté devient le sujet de la scène.

Tout comme la scène de liaison III qui, théoriquement, répond à un souci de continuité et dont la rigidité formelle est cassée par Mary. Non seulement, elle a permis aux époux Martin d'entrer en scène et dans l'intrigue :

> Ils m'attendaient. Ils n'osaient pas entrer tout seuls. (p. 22)

mais elle a le pouvoir de les mettre entre parenthèses, en attente d'intrigue.

En ce sens, la scène III renoue avec l'usage et nourrit l'effet de surprise. Mary est là pour introduire les Martin, et elle les gronde en leur intimant l'ordre de rester tranquilles :

> Pourquoi êtes-vous venus si tard ! Vous n'êtes pas polis. Il faut venir à l'heure. Compris ? Asseyez-vous quand même là, et attendez, maintenant. (p. 23)

Le couple nous donne alors une scène qui semble appartenir à une autre pièce de théâtre ou, plus simplement, qui appartient au Théâtre. La scène de reconnaissance est

Activités

1. *Comment progresse la scène IV ?*
2. *Quels termes manifestent l'incertitude ?*
3. *Quels sont les termes et expressions répétés ? Quel est l'effet produit ?*
4. *Sans tenir compte des didascalies, quelle première lecture à haute voix de la scène IV proposez-vous ?*
5. *Analysez les didascalies :*
   - *Quelles informations donnent-elles ?*
   - *Modifient-elles la première interprétation ? Qu'apportent-elles ? Justifiez la réponse.*
6. *Quelles impressions se dégagent de cette scène ?*

immédiatement identifiée comme telle, mais tournée en dérision par la répétition de formules-clichés :

> Comme c'est curieux !
>
> Comme c'est bizarre !
>
> Quelle bizarre coïncidence !

Drôle de drame, en effet, et comme c'est bizarre ! Il fallait occuper le temps et l'espace avant le retour des Smith. La scène de reconnaissance entre les époux Martin s'achève sur le couple enlacé qui, selon les didascalies, n'entend pas l'horloge.

> *La pendule sonne une fois, très fort. Le coup de la pendule doit être si fort qu'il doit faire sursauter les spectateurs. Les époux Martin ne l'entendent pas.* (p. 31)

À la scène VI, les époux reprendront leurs places initiales, et les didascalies précisent :

> *La pendule sonne tant qu'elle veut. Après de nombreux instants, Mme et M. Martin se séparent et reprennent les places qu'ils avaient au début.* (p. 32)

Quant au dialogue échangé entre les deux époux, il suggère un retour à la normale, la fin d'un intermède :

> M. MARTIN
>
> Oublions, Darling, tout ce qui ne s'est pas passé entre nous et, maintenant que nous nous sommes retrouvés, tâchons de ne plus nous perdre et vivons comme avant. (p. 32)

Il semblerait qu'il y ait une scène à faire, celle des fausses retrouvailles : un exercice de style clos sur lui-même.

• Variations

Ionesco joue sur des correspondances, sur des effets d'écho qui fonctionnent un peu comme les « paroles gelées » chez Rabelais : cela éclate quand on s'y attend le moins. Nous sommes en présence d'une œuvre savamment orchestrée, toute en variations et motifs qui se reprennent.

Le terme *variation* doit, ici, être saisi dans son acception musicale :

> Procédé de composition qui consiste à employer un même thème en le transformant, en l'ornant, tout en le laissant reconnaissable. (*Petit Larousse illustré.*)

Les variations sont nombreuses dans *La Cantatrice chauve* :

– Variations sur les formes théâtrales sur lesquelles nous ne reviendrons pas.

– Variations sur les situations mises en scène. Chaque scène connaît sa progression, et les mêmes ingrédients s'y retrouvent aisément identifiables : micro-conflits, mini-péripéties et pseudo-dénouements.

– Variations dans la distribution des scènes et des personnages en présence.

– Variations dans ce que nous pourrions nommer la « chorégraphie des personnages ».

Tout d'abord, l'on peut noter que les scènes semblent se répondre :

1. Dans la symétrie inversée

Scène I : le couple Smith.

Scène II : le couple Smith et Mary.

Scène III : le couple Martin et Mary.

Scène IV : le couple Martin.

Les scènes I et IV s'achèvent de la même manière.

Pour la scène I :

> M. SMITH
>
> Oh ! Mon petit poulet rôti, pourquoi craches-tu du feu. Tu sais bien que je dis ça pour rire ! *(Il la prend par la taille et l'embrasse.)* Quel ridicule couple de vieux amoureux nous faisons ! Viens, nous allons éteindre et nous allons faire dodo ! (p. 21)

Pour la scène IV, les didascalies indiquent :

> *Ils s'assoient dans le même fauteuil, se tiennent embrassés et s'endorment.* (p. 31)

Les didascalies de la scène IV pourraient figurer en scène I.

2. Dans l'addition et la soustraction

Les scènes VII à XI sont, sur ce point, très évocatrices :

Scène VII : les couples Martin et Smith.

Scène VIII : les couples Martin, Smith et le Capitaine des Pompiers.

Scène IX : les couples Martin, Smith, le Capitaine des Pompiers et Mary.

Scène X : les couples Martin, Smith et le Capitaine des Pompiers.

Scène XI : les couples Martin et Smith.

La multiplication des personnages va de pair avec une accélération des gestes et du rythme verbal.

De plus, la pièce ne connaît pas de dénouement : la situation initiale est reprise par d'autres, et le dénouement devient le commencement. Nous sommes à la fois dans la rupture et la continuité. Rupture dans la mesure où l'on est en attente de fin. Continuité, dans le recommencement et la répétition.

❑ Décomposition dramatique : le fortuit

Un effet de rupture permanent caractérise la structure de cette œuvre, sensible à l'intérieur des scènes dans le décalage qui apparaît parfois entre les didascalies et les répliques.

Dans la scène I, les propos de Mme Smith sont en opposition avec ce que le spectateur entend.

En effet, les didascalies lues en voix off précisent, au moment où ils retentissent, les « dix-sept coups anglais » (p. 11). Cette parole didascalique qui complète le jeu scénique est démentie par la première phrase de Mme Smith :

> Tiens, il est neuf heures. (p. 11)

La scène VIII, animée par le Capitaine des Pompiers, comporte ce même type de contradiction entre ce qui est dit et ce qui est fait ; entre le dialogue des personnages et les indications scéniques.

Mme SMITH

Monsieur le Capitaine, puisque vous nous avez aidés à mettre tout cela au clair, mettez-vous à l'aise, enlevez votre casque et asseyez-vous un instant.

LE POMPIER

Excusez-moi, mais je ne peux pas rester longtemps. Je veux bien enlever mon casque, mais je n'ai pas le temps de m'asseoir. *(Il s'assoit, sans enlever son casque.)* (p. 49)

L'enchaînement des scènes est, quant à lui, source d'ambiguïté et freine la mise en place d'une quelconque intrigue. De même que Mme Smith procède par « associations d'idées », Ionesco procède par juxtaposition, addition de scènes.

Repères

INTRIGUE ET ACTION

1. L'intrigue

L'intrigue renvoie à l'enchaînement des événements et au passage d'une situation à l'autre.

Elle dit qui fait « quoi » et « comment ».

2. L'action

L'action renvoie au jeu des actants, à la dynamique des forces en présence.

Elle dit « pourquoi ».

L'action est le moteur qui met en marche la mécanique de l'intrigue et permet la progression dramatique.

Ainsi, on pourrait se laisser aller à quelques tautologies :

– La scène I est liée à la scène II, parce que la scène II vient après la scène I et avant la scène III, et ainsi de suite.

– La scène II s'enchaîne à la scène III, puisque des personnages entrent et sortent.

Mais deux interrogations s'imposent :

1. La structure externe d'une pièce ne doit-elle pas renvoyer à sa structure interne ?

2. Ne doit-il pas y avoir coïncidence entre l'articulation des scènes et la progression de l'action ?

• Personnages en mouvement

Les entrées et les sorties ne justifient pas une scène, encore faut-il que ces mouvements aient une raison d'être. Ce n'est pas de vraisemblance qu'il s'agit ici, mais d'intelligibilité.

Dans *La Cantatrice chauve*, chaque scène nie la précédente, et ce principe de contradiction fonde l'action et instaure la dynamique de la pièce.

L'arrivée de nouveaux personnages aurait pu constituer une amorce d'intrigue, mais elle s'épuise dans le fait qu'ils n'en finissent pas d'être là sans dire pourquoi. Ils semblent jouer leur scène en « autarcie ».

En effet, des personnages du dedans – les Smith – reçoivent des personnages du dehors – les Martin et le Capitaine des Pompiers. Nous ne connaîtrons jamais l'objet de la visite des premiers. À la scène IV, les Smith prétendent les attendre, et, à la scène VII, ils déclarent que leur visite est une surprise :

> [...] dès que nous avons appris que vous vouliez bien nous faire le plaisir de venir nous voir sans annoncer votre visite [...]. (p. 33)

Activités

1. *Est-ce important que les scènes se déroulent toutes dans le même lieu ? Pourquoi ?*
2. *Quelles réflexions vous inspirent les dimensions du plateau du Théâtre de la Huchette où se donne la représentation : quatre mètres d'ouverture sur cinq mètres de profondeur ?*
3. *Comment imaginez-vous le décor ? Pouvez-vous utiliser les didascalies et comment ? Justifiez vos choix.*

Le Pompier cherche des feux, n'en trouvera pas et se contentera d'allumer des foyers de paroles. Ce va-et-vient bavard qui ne fait pas progresser l'intrigue trouve son dynamisme dans l'unité de lieu. En effet, cette dernière joue avec le décor un rôle non négligeable, car elle évite la dispersion. Le huis-clos est toujours propice aux confrontations, aux chocs. Il crée une tension qui participe de la dynamique de l'action.

Dans le cas présent, la venue d'étrangers, quels qu'ils soient, occasionne une perturbation, un dérèglement.

Repères

POUR ÉTUDIER L'ACTION

1. Forces et fonction

Pour analyser la progression dramatique d'une pièce, il convient :

• D'observer les *forces* qui participent à l'action (personnages, animaux, objets ou abstractions) désignées sous les termes d'*actants* ou de *forces agissantes*.

• De déterminer les *fonctions* qu'elles remplissent dans le développement de l'action.

2. Les éléments du schéma actantiel

Ces fonctions ont été répertoriées :

• À l'origine de l'action, se trouve le SUJET.

• Il veut agir sur quelqu'un ou quelque chose : l'OBJET.

• Cette action est commandée par quelqu'un ou quelque chose : le DESTINATEUR.

• Elle aura un bénéficiaire : le DESTINATAIRE.

• Dans l'accomplissement de l'action, le sujet sera aidé par l'ADJUVANT et freiné ou entravé par l'OPPOSANT.

• Amorces

L'arrivée des Martin laisse espérer un début d'intrigue. Comment va évoluer la situation de départ, alors que les Smith sont chez eux ? Pourquoi les ont-ils invités ? Que va t-il se passer entre eux ?

La scène des fausses retrouvailles (IV) qui nous détournait de l'intrigue première tourne court dans les aveux de Mary : Donald n'est pas Donald Martin et Élisabeth Martin n'est pas Élisabeth Martin. Rien d'anormal, puisque Mary est Sherlock Holmès ! (V). Serions-nous dans une intrigue policière où l'auteur, aussi machiavélique que le professeur Moriarty (ennemi juré du détective anglais), chercherait à brouiller les pistes ?

La rencontre des couples Smith et Martin (VII) débute dans une atmosphère tendue. M. Smith, furieux, agresse les Martin sur les raisons de leur retard. Nous évoluons dans la continuité. Il reprend la phrase prononcée par sa femme à la scène II :

> On n'a rien mangé, de toute la journée. (p. 22)

et l'assène aux Martin (p. 33). Un climat lourd et pesant s'installe, perceptible dans les didascalies qui développent le champ lexical de la gêne : « air embarrassé et timide », « difficilement », « avec peine », « long silence gêné », « hésitations ».

Le dialogue forcé s'amorce, ponctué de nombreux silences, de toussotements de contenance et des facéties

Activités

1. *Que pensez-vous de l'entrée en scène des Smith à la scène VII ? Confrontez leurs déclarations de la scène II à celles de ce début de scène.*
2. *« La conversation s'amorce difficilement », précisent les didascalies (p. 33) . Relevez le champ lexical de la gêne.*
3. *Quels seront les sujets de conversation ?*
4. *Que provoque le coup de sonnette ? Précisez les réactions de chacun des protagonistes.*
5. *L'action évolue-t-elle ? Justifiez votre réponse.*

bruyantes de la pendule « qui souligne les répliques, avec plus ou moins de force, selon le cas » (didascalies).

Le mot « silence » apparaît vingt-et-une fois dans les didascalies et, paradoxalement, finit par être plus bruyant que les coups frappés par l'horloge.

Un conflit se prépare-t-il ? M. Smith « s'emmerde », sa femme en témoigne. La tension est présente, l'affrontement paraît inévitable, mais la scène se transforme en conversation de salon inepte.

Point de déterminations psychologiques ; point de confrontations des forces agissantes, mais une sorte de court-circuit qui active la scène et l'oriente dans une autre direction.

Quatre coups de sonnette sèmeront l'inquiétude, non sur l'identité du visiteur, mais sur la présence même d'un quelconque visiteur, quand retentit un coup de sonnette. Cela alimentera de nouvelles gloses interminables et précédera l'arrivée du Capitaine des Pompiers.

• Le feu de l'action

Que vient faire le Capitaine des Pompiers ? Les Smith et les Martin sont surpris. La dernière réplique de M. Smith, à la fin de la scène VII, est significative, ainsi que les didascalies qui l'accompagnent : A

M. SMITH, *va ouvrir*

> Ah ! how do you do ! *(Il jette un regard à Mme Smith et aux époux Martin qui sont tous surpris.)* C'est le Capitaine des Pompiers ! (p. 43)

Activités

1. Que pensez-vous des expressions « controverses » et « querelles familiales » pour évoquer la discussion autour du coup de sonnette de la scène VII ? Peut-on parler de tension entre les personnages ? Quels rapports de force semblent se mettre en place ?

2. Pour quelles raisons un capitaine des pompiers peut-il intervenir sur une scène de théâtre ? Pour quelles raisons celui-ci intervient-il ?

3. Comment débute la scène ? A-t-il l'initiative et pourquoi ?

4. Identifiez les différents moments de son intervention. Peut-on dire qu'il joue plusieurs rôles et lesquels ?

Ionesco insistera à nouveau sur la surprise des uns et des autres, au début de la scène VIII. Reprenons les premiers éléments de la réplique du Pompier :

> Bonjour, Mesdames et Messieurs. *(Les gens sont encore un peu étonnés* [...].*)* (p. 43)

Qui sont ces gens ? Les Smith, les Martin ? Mais pourquoi ne pas les nommer comme dans les dernières didascalies de la scène VII ? Ne sont-ce pas aussi les spectateurs, inscrits clairement dans le texte disdascalique ? Là encore, comme nous le signalions précédemment, le théâtre se revendique théâtral. Sa présence perturbe, mais d'intrus, il va devenir arbitre. Il devra régler la controverse entre les Smith et les Martin.

Le Pompier s'inscrit d'emblée dans la continuité d'action de la scène VII. Face à Mme Smith qui « fâchée, tourne la tête et ne répond pas à son salut » (didascalie p. 43), il ne peut que s'interroger et interroger.

Il se pose comme quelqu'un qui cherche à savoir et à tempérer :

> – Vous avez l'air fâché.
>
> – Enfin, de quoi s'agit-il ?
>
> – Ne vous énervez pas. Racontez-moi ça, Madame Smith. (p. 43-44)

Il se heurte à l'hostilité de Mme Smith qui ne veut pas « mêler les étrangers » à ses « querelles familiales ». Mais très vite, il va prendre en mains cette scène, comme s'il lui appartenait de dénouer un conflit. En aucun cas, il ne saurait être perçu comme un personnage moteur, mais comme un personnage toupie lancé par hasard dans un conflit et qui décrit ses ellipses de l'un à l'autre.

Et quel conflit ! Y a-t-il ou non quelqu'un quand on sonne à la porte ?

> LE POMPIER
>
> Je vais vous mettre d'accord. Vous avez un peu raison tous les deux. Lorsqu'on sonne à la porte, des fois il y a quelqu'un, d'autres fois il n'y a personne. (p. 48-49)

Nous sommes en attente d'intrigue, nous voudrions saisir où l'on va. Nous sommes tributaires de notre représentation d'une pièce de théâtre traditionnelle, et Ionesco paraît jouer de nos attentes en disposant, çà et là, des repères. Mais nous sommes prisonniers d'un labyrinthe de miroirs.

Que fait ce Pompier ici ? Dans cette scène, comme dans beaucoup d'autres, il y a action, des rapports de force semblent s'établir entre les personnages, et nous suivons, soucieux de voir où cela nous mènera. Mais, très vite, cela retombe, comme s'il s'agissait de mettre fin à une digression.

La question de M. Smith qui ne supporte pas de ne pas avoir raison referme la parenthèse « querelles familiales ».

« Et qu'est-ce que vous faisiez à la porte ? » dit-il au Pompier. Tout à coup, il semble que la scène VII reprenne à son début.

La réponse du Pompier a de quoi surprendre.

> Rien. Je restais là. Je pensais à des tas de choses. (p. 48)

Rentré comme par effraction dans une querelle qui ne le concernait pas, il donne l'impression de se demander lui-même ce qu'il fait là. Questionner les motivations des personnages, ou leurs enjeux, paraît ici vain autant que dérisoire.

Un pompier est toujours implicitement lié à l'incendie, et celui-ci est là pour s'enquérir d'un incendie éventuel : il paraît en mal de feu.

> Eh bien, voilà, est-ce qu'il y a le feu chez vous ? (p. 48)

Il est là, parce qu'il est pompier ; c'est un métier, non un rôle. Il semble apparemment déplacé dans l'intrigue, mais non point dans un théâtre. Peut-être était-il dans les coulisses ? A-t-il eu envie de jouer lui aussi ? Comme les autres, veut-il raconter ses petites « anecdotes » ?

Ce qu'il fera très vite, d'ailleurs. Il en aura l'initiative, et les histoires s'enchaîneront dans un rythme soutenu et dans la gratuité la plus totale. Seuls l'intervention de Mary et son poème sur le feu le ramèneront à son métier. Il était venu s'enquérir d'un feu, il doit trouver un feu et retourne au feu.

Il quitte la scène par « associations d'idées » : « et puis ça me rappelle que je dois partir. » Exit le Pompier. C'était la scène du Pompier.

Rien dans l'intrigue ne le justifiait, et, pourtant, il est intervenu dans l'action. Dire qu'il a été « force agissante » serait excessif. Il a su résoudre un mini-conflit, « une controverse », mais l'énigme demeure. Il est là, justifié par sa seule présence en scène.

• Le feu aux poudres

Cependant, dès son arrivée, les mouvements des personnages vont s'accélérer, les répliques se bousculer et le langage se désintègrer.

A Pour ce qui est de l'entrée en scène de Mary, elle est totalement saugrenue. Apparition inattendue, elle permettra une nouvelle scène de retrouvailles. Mais cette irruption du

Activités

1. *Que penser de l'intervention de Mary, à la scène IX ? Peut-on parler de rupture avec ce qui précède ?*
2. *Cette scène de reconnaissance est-elle identique à celle de la scène IV ? Faites les comparaisons qui s'imposent.*
3. *Imaginez, dans un court développement, les circonstances de la rencontre entre Mary et le Capitaine des Pompiers.*
4. *Pourquoi Mary est-elle chassée ?*
5. *Dans la représentation au Théâtre de la Huchette, Mary est violemment repoussée dans le couloir par M. Smith. On entend un coup sourd, et il réapparaît, l'air satisfait, avec un marteau dans les mains. Que pensez-vous de ce parti pris de mise en scène de Nicolas Bataille ?*
6. *Comment interprétez-vous le départ du pompier ?*
7. *L'évocation de la Cantatrice éclaire-t-elle le titre ? Fait-elle progresser l'action ?*
8. *Que pensez-vous de l'anecdote racontée par Ionesco concernant le titre de la pièce ? (voir p. 100). Le titre initial était-il plus éclairant ? Quelles remarques cela vous inspire-t-il ?*

passé qui assure un lien – mieux encore, une liaison – entre les protagonistes et pourrait dessiner une intrigue tournera court. Mary veut également « dire une anecdote ».

Elle sera vite chassée de la scène par les Smith. Jalousie ? Bourgeois offusqués par la liberté prise par leur domestique ?

[…] une bonne […] n'est jamais qu'une bonne… (p. 66)

Certes, comme nous l'avons noté précédemment, elle est « déplacée » ; cependant, la réplique de M. Martin la replace dans la pièce et montre que si nous évoluons dans la rupture, il n'y a pas dispersion[1].

Restés seuls, à la scène XI, les Smith et les Martin se livrent à un échange insensé qui tourne à la cacophonie dans une hostilité grandissante. Pourquoi ? Est-ce parce que le pompier a demandé des nouvelles de la Cantatrice chauve ? Les didascalies font mention de « silence général », de « gêne » (X).

La scène XI débute sur un échange en complet décalage avec ce qui précède : A

Mme MARTIN

Je peux acheter un couteau de poche pour mon frère, mais vous ne pouvez acheter l'Irlande pour votre grand-père.

M. SMITH

On marche avec les pieds, mais on se réchauffe à l'électricité ou au charbon. (p.71)

Activités

1. Comment la scène XI s'articule-t-elle avec la précédente ?

2. Analysez les deux textes didascaliques des pages 75 et 80-81.

Quelles indications fournissent les didascalies ? Quel est le champ lexical dominant. Faites un repérage précis.

3. Comment expliquez-vous la violence finale ?

4. Comment comprenez-vous cette scène ?

1. Voir chap. III, «Partition», p. 31 et suiv.

S'enchaîneront des répliques du même ordre qui s'interrompront brutalement sur « À bas le cirage ! » de M. Smith. Les mots semblent mouvoir les personnages incapables de contrôler ce délire. Le rythme visuel et auditif s'accélère et ce dérèglement fait songer à l'horloge folle.

• Un cercle vicieux

Dans *La Cantatrice chauve*, il n'y a pas d'événements ; tout juste des micro incidents, des surprises, des disputes comme uniques moteurs d'action. La pièce joue sur l'éternel recommencement. La réitération devient action : en un lieu, qu'importe le jour, toujours le même bavardage s'accomplit.

La lumière s'éteint, la lumière se rallume :

A 1 > *[…] M. et Mme Martin sont assis comme les Smith au début de la pièce. La pièce recommence avec les Martin, qui disent les répliques des Smith dans la première scène, tandis que le rideau se ferme doucement.* (p. 80-81)

Ce qui rythme les scènes, ce sont des effets de rupture permanents. Cette composition en décrochements n'est pas sans faire songer à un voyage en *scenic railway*. Le rythme est effréné, on frôle l'abîme, on prend des virages à 90° et l'on se croit dans le vide, mais l'on est tou-
A 2 jours sur les rails. Les scènes sont liées par un lien formel (les entrées et sorties des personnages) et non pas un lien d'intrigue, ce qui ne nuit en rien à l'action, mais au contraire, l'alimente.

Activités

1. Que pensez-vous des deux « dénouements » imaginés par Ionesco ? (voir p. 101 et suiv.). Apportent-ils des indices éclairants sur la pièce ? Quelle fin préférez-vous ?

2. La disparition d'une scène changerait-elle quelque chose à l'action et à la progression de l'intrigue ?

3. Par quelle figure géométrique pourriez-vous matérialiser la construction dramatique de la pièce. Justifiez votre choix.

En fait, les scènes sont collées, elles fonctionnent en autonomie, développent leurs propres motifs et créent leur propre rythme qui, loin d'aller à l'encontre du rythme de la pièce, le module.

On se trouve en présence d'un *ready-made*[1] théâtral, sorte d'objet baroque, surréaliste, « beau comme la rencontre fortuite d'un parapluie et d'une machine à coudre sur une table de dissection[2] ».

Les conventions théâtrales deviennent ce creuset où se réalise la transmutation de ces éléments apparemment hétérogènes, étrangers. De cette alchimie, naît une réalité singulière et unique qui, à défaut d'être vraisemblable, est théâtrale.

Le formel dialogue avec le fortuit et fonde une esthétique dramatique.

> Prenez un cercle, caressez-le, il deviendra vicieux !

déclare M. Smith (p. 72), et c'est bien de cela qu'il s'agit ici, des métamorphoses du cercle.

Qui sait où commence le cercle et par quelle extrémité le prendre ? Qui sait par où commencer, quand les repères temporels font défaut ?

❑ La ballade des pendules

• Temps théâtral

Par définition, toute action théâtrale s'inscrit dans le temps. Elle suppose un but à atteindre, un avenir. Il n'est pas exagéré de dire que tout se joue à partir de cette

Activités

1. *Repérez dans les didascalies toutes les informations concernant la pendule.*
2. *Peut-on dire que la pendule joue un rôle dans la pièce ? Caractérisez-le.*

1. Objet manufacturé auquel le peintre surréaliste Marcel DUCHAMP (1887-1968) attribua le nom d'œuvre d'art.
2. Citation de LAUTRÉAMONT (1846-1870), auteur des *Chants de Maldoror* (1868-1869).

« fin », cette finalité. La pièce nous dira comment on en est arrivé là.

Selon les esthétiques théâtrales, le rapport au temps a été vécu différemment, mais il réglait en général l'organisation de l'intrigue. L'exposition situait l'avant, l'action se mettait en place autour d'une crise vécue maintenant et dont on suivait la progression jusqu'au dénouement.

Dans *La Cantatrice chauve*, Ionesco veille à ce que la durée de la représentation corresponde à celle de l'action, et les conversations entre les personnages se déroulent devant nous, en temps réel dans la continuité linéaire. Doit-on parler d'unité de temps ?

Par ailleurs, le temps théâtral, qui à chaque représentation recommence, est ici mis en scène. L'intrigue se reproduit à l'infini comme les pièces de théâtre. Cette intrigue close peut se rejouer sans cesse avec quelques variantes : une fois avec les uns, une fois avec les autres et, entre deux représentations, « rideau ! ».

Nous reprenions, précédemment, l'image du cercle pour caractériser l'intrigue ; elle nous semble tout aussi pertinente ici. Elle renvoie au dessin des aiguilles sur le cadran des horloges.

Il y a une horloge dans *La Cantatrice chauve*, mais est-ce par souci de vraisemblance dramatique ? Les différentes lectures menées jusqu'à présent inciteraient à penser le contraire. Ici aussi, le cercle paraît « vicieux » !

Alors, qu'en est-il exactement du temps dans *La Cantatrice chauve* ?

Une convention ? Un actant ? Une métaphore ?

1. La scène I s'ouvre sur une information marquée de réalisme :

> Tiens, il est neuf heures. (p. 11)

Comme nous l'avons déjà noté, Mme Smith ne nous épargne rien du repas pris « ce soir ». Mais l'horloge la dément car elle vient de frapper dix-sept coups.

Les accessoires chargés de donner l'illusion de la réalité la détruisent.

2. À la scène II, Mary annonce les Martin prévus pour « ce soir ». Mme Smith, qui nous avait détaillé avec un grand souci de réalisme le contenu et les étapes de ce repas, déclare :

> Comme on ne les voyait plus venir, on allait manger sans eux. On a rien mangé, de toute la journée. (p. 22)

3. À la scène III, Mary reproche aux Martin leur retard.

4. À la scène VII, confronté aux Martin, M. Smith déclare :

> Nous n'avons rien mangé toute la journée. Il y a quatre heures que nous vous attendons. (p. 33)

Les entrées successives des personnages lient les scènes et témoignent de la coïncidence entre le temps de l'action et celui de la représentation. Mais ce ne sont là que liens formels, repères illusoires. Si l'horloge indique l'heure qui lui convient, c'est peut-être parce que les personnages ont perdu leur rapport au temps.

• Théâtre du temps

Dans *La Cantatrice chauve*, l'horloge dispose d'une vie autonome. Elle paraît même, osons le dire, libre de son temps. Les didascalies précisent :

– qu'elle « sonne 2-1 » (p. 28),

– qu'elle « sonne vingt-neuf fois » (p. 30),

– ou, comme au début, « dix-sept fois » (p. 11),

– qu'elle aurait l'« esprit de contradiction » (p. 64),

– et indiquerait « toujours le contraire de l'heure qu'il est ». *(Ibid.)*

De plus, elle se pose en témoin actif de ce qui se passe en scène.

Elle se manifeste à la scène IV comme pour indiquer que les Martin étaient hors-jeu, dans une illusion. Seuls les spectateurs doivent l'entendre :

> *Le coup de la pendule doit être si fort qu'il doit faire sursauter les spectateurs. Les époux Martin ne l'entendent pas.* (p. 31)

À la scène VII, elle paraît infliger un démenti aux propos de M. Smith ou, du moins, en signaler l'aberration. Il n'attend pas depuis quatre heures et l'horloge dénonce une rupture entre action et représentation.

Elle aurait l'« esprit de contradiction », mais ne sont-ce pas les hommes qui ont inventé les pendules pour mesurer un temps qui rythme la vie humaine.

Le passé, le présent se télescopent.

Comme pour Bobby Watson :

– M. Smith découvre sa mort dans le journal :

> Tiens, c'est écrit que Bobby Watson est mort. (p. 16)

– Mais, il serait mort « il y a deux ans ». *(Ibid.)*

> [...] on a été à son enterrement, il y a un an et demi. *(Ibid.)*

Et tout à coup, ce n'est pas sur le journal :

> Il y a déjà trois ans qu'on a parlé de son décès. *(Ibid.)*

Le souvenir de Bobby Watson est dilué dans un présent éternel.

De même, les personnages s'inventent un passé, comme s'il fallait émietter le temps en instants pour déjouer une attente infinie et pour avoir prise sur lui.

Dire, comme M. Smith :

> Il y a quatre heures que nous vous attendons. (p. 33)

alors qu'il avait oublié la venue des Martin, c'est avoir l'impression, peut-être, que le temps a bougé et que l'on a parcouru une distance, alors que l'on fait du sur place.

Jouer, comme les Martin, à décomposer le passé pour composer le présent, c'est donner du mouvement à un temps immobile. La répétition de « je me souviens », à la scène IV, scande cette impossibilité chronique à se situer et, en même temps, ce besoin de se situer.

Préciser, comme le Pompier, que « dans trois quarts d'heure et seize minutes exactement », il a « un incendie, à l'autre bout de la ville » (p. 70), c'est s'inventer un avenir, se donner un but.

Se fixer des repères temporels, c'est croire que quelque chose peut arriver qui romprait cette monotonie. C'est peut-être tout simplement savoir que tout est déjà arrivé et que tout recommence toujours.

Dans *La Cantatrice chauve*, le temps n'a pas à passer, ce sont les personnages qui passent dans la même mécanique répétitive. Dans un espace clos, un « intérieur anglais », ils jouent et rejouent la même histoire en s'inventant la semaine des « deux mardis » (I) et la « marchande des neuf saisons ». Dans un espace clos qui pourrait être un sablier, les hommes cherchent le sens de cette histoire.

Dans *La guerre de Troie n'aura pas lieu* de Jean Giraudoux, à Andromaque qui ignore ce qu'est le destin, Cassandre répond :

> Je vais te le dire. C'est seulement la forme accélérée du temps. C'est épouvantable. (Acte I, scène I)

Chez Ionesco, le temps n'est plus ce qui permet à l'homme de s'accomplir et d'aller à la rencontre de son destin. L'homme est là, avec les mots du temps, pour se donner l'illusion d'un quelconque devenir.

On peut, d'ailleurs, se demander si l'accélération des gestes, à la fin de la pièce, ne correspond pas au désir de se donner l'illusion du mouvement. À défaut de temps, du tempo ; à défaut d'action, des mouvements, des gestes. Mais les hommes comme les pendules paraissent détraqués : ils s'agitent dans tous les sens, mais le Sens a fui.

Le temps étant un concept qui structure notre vision du monde, la conception du temps qui apparaît ici va au-delà des modalités propres à une dramaturgie et renvoie à une conception du monde et de la condition humaine.

Le temps des personnages n'est pas celui de la pendule ; le temps du théâtre n'est pas celui de la vie, et le temps dans les rêves ne s'écoule pas à la même vitesse que dans la vie. Comme s'il s'agissait de rendre compte du décalage entre le théâtre et la réalité, mais également entre l'homme et le Temps, entre histoire et Histoire. Alors, n'est-il pas temps de se demander si ces personnages privés de repères existent encore ?

IV. INTERPRÈTES

Qui sont ces personnages qui entrent et sortent, vont et viennent, incapables de se situer dans le temps ? Dépouillés de toute histoire, sans avenir et sans passé, ils sont là, émiettés dans un puzzle dont les pièces seraient usées à force d'avoir traîné dans toutes les aventures humaines.

❑ Fantoches de l'Opéra

• Un « anonymat notoire »

Les personnages disposent d'un nom, mais celui-ci est si banal qu'il finit par ne renvoyer à rien d'autre qu'à lui-même. Il s'agit, en effet, d'un nom-cliché pour un type humain lambda (Smith ou Martin, Dupont ou Durand...) ou de noms qui viennent aux lèvres, quand on veut désigner à la fois personne et tout le monde.

D'ailleurs, dans cet univers, le nom a définitivement cessé d'être un signe de reconnaissance :

– Tout le monde s'appelle Bobby Watson (I)

> – Élisabeth n'est pas Élisabeth, Donald n'est pas Donald. (p. 31)

Les Martin « ont beau croire » qu'ils sont Donald et Élisabeth,

> ils se trompent amèrement. (p. 32)

– Mary, la bonne, a pour « vrai nom » Sherlock Holmès.

– Toutes les institutrices blondes s'appellent Marie (p. 63).

Activités

• À partir du tableau composé avec les différents personnages de l'œuvre, quelles remarques peut-on faire ?

Certains noms, quant à eux, sont si extravagants, qu'ils renvoient à l'univers des fanzines où l'on peut s'appeler Ribouldingue ou Filochard, en toute tranquillité.

Popesco Rosenfeld et Mackenzie-King appartiennent à cette lignée loufoque qui, en se nommant, annule une certaine réalité et lui substitue un univers où les sonorités d'un nom ont plus d'importance que l'identité de celui qui le porte.

Par ailleurs, les êtres humains évoqués par les uns ou les autres semblent asexués :

– Bobby Watson désigne à la fois M. et Mme Watson :

> Elle s'appelait comme lui, Bobby, Bobby Watson. Comme ils avaient le même nom, on ne pouvait pas les distinguer l'un de l'autre quand on les voyait ensemble. (p. 17)

Et quelle que soit la génération, tous les membres de la famille portent les mêmes nom et prénom.

Cette confusion accentue l'aspect marionnette des personnages. Ils représentent, ils ne sont pas. Ce télescopage identitaire éclatera dans la querelle qui opposera M. et Mme Smith.

> Mme SMITH
>
> Les hommes sont tous pareils ! Vous restez là, toute la journée, la cigarette à la bouche ou bien vous vous mettez de la poudre et vous fardez vos lèvres, cinquante fois par jour, si vous n'êtes pas en train de boire sans arrêt !
>
> M. SMITH
>
> Mais qu'est-ce que tu dirais si tu voyais les hommes faire comme les femmes, fumer toute la journée, se poudrer, se mettre du rouge aux lèvres, boire du whisky ? (p. 20-21)

Les termes de M. ou Mme appartiennent à des conventions sociales autant que langagières, comme si l'étiquette faisait le produit et le titre, la personne. M. Smith se comparant à son épouse cédera à l'opinion communément admise :

> En tout cas, elle est beaucoup plus féminine. On le dit. (p. 59)

Évidences, clichés, constats attestent de la perte d'identité et dénient toute spécificité à l'individu. Pour reprendre la formule de Jean-Marie Domenach, les êtres sont plongés dans un « anonymat notoire ».

• Signes très particuliers

Les indices de caractérisation physique sont aléatoires au théâtre et en rien fondamentaux, mais reconnaissons que, dans *La Cantatrice chauve*, ils sont délibérément refusés ou tournés en dérision.

1. Soit par réalisme pervers

La « petite moustache grise, anglaise » de M. Smith est difficilement imitable et, cependant, n'est en rien caractéristique. La cantatrice chauve, quant à elle, serait aisément identifiable, n'était ce détail qui force le trait et annule l'être et sa singularité :

> Elle se coiffe toujours de la même façon ! (p. 70)

Quant à Marie, l'institutrice blonde évoquée par le pompier :

> Puisqu'elle est blonde, elle ne peut être que Marie. (p. 63)

2. Soit par goût du bizarre pur

La jeune Alice Martin présente des particularités physiques surprenantes :

> [...] elle est blonde, elle a un œil blanc et un œil rouge, elle est très jolie [...]. (p. 30)

Mais quand on s'appelle Alice, n'est-on pas sujet à toutes les merveilles ? Cependant, une telle caractéristique, au-delà de l'énormité qu'elle suggère, révèle un univers où tout a sombré dans la banalité la plus totale.

Les individus ne sont plus, ils restent des types figés en clichés. À la fois mis en mots et mis à mort, ils ne sont plus que masques neutres. À Mme Smith, qui lui demande si la femme du pauvre Bobby Watson est belle, son époux répliquera :

> Elle a des traits réguliers et pourtant on ne peut pas dire qu'elle est belle. Elle est trop grande et trop forte. Ses traits

ne sont pas réguliers et pourtant on peut dire qu'elle est très belle. Elle est un peu trop petite et trop maigre. (p. 17)

En fait, les traits physiques n'ont plus d'importance, puisque les êtres ne se voient pas. M. et Mme Martin croient s'être rencontrés mais n'en sont plus très sûrs.

Le corps des personnages n'existe plus. Il n'est là que par la volonté de l'auteur qui l'inscrit dans les didascalies. Il est en marge, et l'on pourrait appliquer à tous ces êtres les répliques de la scène X :

Mme MARTIN

Ce matin, quand tu t'es regardé dans la glace tu ne t'es pas vu.

M. MARTIN

C'est parce que je n'étais pas encore là… (p. 68)

Cette humanité-là peut aussi bien se remplacer par des chaises et elle aboutira aux corps mutilés, inertes et enfouis dans le sable ou les poubelles de Beckett. C'est tout ce qui resterait des hommes quand l'humain a fui.

❑ Panoplies sociales

Les Smith, les Martin, le Capitaine des Pompiers, la bonne et tous les autres ne sont plus que des représentants de l'espèce humaine saisie au quotidien. Ils représentent symboliquement des types sociaux perçus dans les accessoires d'une panoplie : un intérieur, des vêtements et objets, des occupations ou un métier.

• Un intérieur

C'est celui de petits bourgeois qui sont Anglais, parce que les didascalies le signalent. En effet, rien dans ce décor ne permet d'identifier un individu.

Activités

• *Quels acteurs voyez-vous dans les différents rôles ? Justifiez votre choix.*

Comme nous le verrons, à la « fin » de la pièce, il n'est pas habité. Il n'est qu'un décor où des gens, les Smith, les Martin, passent car ils sont interchangeables.

Ce pourrait être un castelet immuable pour quelques spectacles de marionnettes où se joueraient des variations sur un même canevas.

C'est un espace clos, fermé sur lui-même et hermétique au monde extérieur. Ce dernier est toujours perçu comme une menace, et la sonnette en est le symbole absolu.

Quant au journal que parcourt M. Smith, il ouvre sur un monde mort, celui de la rubrique nécrologique.

Les deux personnages qui relèvent de l'extérieur, Mary et le pompier, seront reconduits vers leurs marges :

– Mary, comme nous l'avons déjà précisé[1] appartient au « dehors » de l'œuvre comme au « dehors » social des Smith. Quand elle investira ce territoire pour dire un poème, elle sera exclue par la force.

– Le Pompier, aussi bien accueilli soit-il, finira par lasser de sa présence :

> Il va encore nous embêter

dira M. Smith, quand il acceptera de raconter une autre anecdote (p. 60). Il sera, lui aussi, raccompagné :

> Le Pompier s'en va. Tous le conduisent jusqu'à la porte et reviennent à leurs places

précisent les didascalies, à la fin de la scène XI (p. 71).

A

Activités

1. *Imaginez les costumes des personnages.*
2. *Dans la représentation du Théâtre de la Huchette, les Smith et les Martin sont vêtus de costumes « bourgeois » du début du siècle : Mary porte un tablier blanc sur une robe noire. Le Pompier arbore ciré, bottes et casque noirs. Que pensez-vous de ces choix de mise en scène ?*

1. Voir chap. III.

• Des vêtements et accessoires

Le vêtement a perdu toute valeur individualisante. La preuve nous en est donnée quand les Smith prétendent aller se changer pour recevoir leurs invités. À la scène II, ils déclarent à Mary :

> Nous allons vite nous habiller. (p. 22)

À la scène VII, ils réapparaissent dans la même tenue et tournent en dérision les conventions vestimentaires qui veulent qu'il y ait des vêtements pour différentes circonstances, quand la vie s'épuise en sempiternelles répétitions :

> [...] Nous avons pensé qu'on devait vous rendre les honneurs auxquels vous avez droit et, dès que nous avons appris que vous vouliez bien nous faire le plaisir de venir nous voir sans annoncer votre visite, nous nous sommes dépêchés d'aller revêtir nos habits de gala. (p. 33)

À temps uniforme, vêtements uniformes.

Et c'est bien de cela que se moque Ionesco, quand il croit bon de signaler dans les didascalies qui précèdent l'arrivée du pompier :

> *Il a, bien entendu, un énorme casque qui brille et un uniforme.* (p. 43)

Les pantoufles, la pipe et le journal de M. Smith appartiennent à ces mêmes conventions. Nous évoluons en pleine imagerie d'Épinal, et ce sont là les indices d'un confort, d'une immobilité à la fois physique, sociale et morale.

• Des occupations et métiers

Il paraît difficile de définir les professions respectives des Smith et des Martin. Ce sont de bons bourgeois en leur demeure, et nous les saisissons à travers des occupations d'une banalité exemplaire. Mme Smith est absorbée par des travaux de reprisage de « chaussettes anglaises » (I).

Les courses et l'élaboration des menus familiaux semblent constituer la trame de ses journées de « bonne ménagère, économe » qui « joue du piano » (I, p. 13). Sa fille reproduirait, d'ailleurs, le même schéma. M. Smith se perd dans la lecture du journal et élève un mur de papier et de silence pour se protéger des mots de son épouse.

Les Martin seraient friands de voyages, si l'on en croit M. Smith. Cependant, il est fort probable que le voyage n'est ici qu'un trajet de Manchester à Londres (IV).

Le Pompier possède un sens du devoir professionnel qui confine à la névrose obsessionnelle. Habité par son métier, il lutte sur tous les fronts : feux amoureux, feux de cheminée, brûlures d'estomac, feux de paille et autres incendies. Rien n'échappe à sa vigilance et il peut intervenir sur les feux qui ne se sont pas encore déclarés (X).

Mary est une bonne, mais ses talents de détective sèment le doute sur ses occupations réelles. Elle va au cinéma, s'adresse au public de la pièce et aime à composer des poèmes. Bonne peu conventionnelle, elle nous paraît vraiment déléguée par l'auteur pour se livrer à quelques facéties. Comme si, à travers elle, il jouait à *Docteur Ionesco et Mrs Mary*.

D'autres personnages sont évoqués par les uns et les autres, et ils méritent qu'on leur accorde de l'attention. Certains d'entre eux exercent des professions dignes de quelques fantaisies burlesques.

– Ainsi, Popesco Rosenfeld est épicier ; ce qui ne serait en rien surprenant, s'il n'était aussi un « grand spécialiste en yaourt » et, qui plus est, « diplômé de l'école des fabricants de yaourt d'Andrinople » (I). Il n'est pas fréquent de consommer du « yaourt roumain folklorique » (p. 13).

– Le docteur Mackenzie-King serait un « bon médecin », et il fait preuve d'une conscience professionnelle qui force l'admiration :

> Il ne recommande jamais d'autres médicaments que ceux dont il a fait l'expérience sur lui-même.

De plus, il pousse le zèle jusqu'à subir les opérations avant ses patients. (p. 14)

– Les Bobby Watson sont tous commis-voyageurs, et ils pratiquent un métier difficile, du fait de la concurrence qui est particulièrement vive, « le mardi, le jeudi et le mardi. ». Cela, loin d'accroître leur virulence commerciale, les livre au sommeil.

Comprenne qui pourra ! Une telle ineptie sera d'ailleurs à l'origine de la première querelle des Smith (I).

Les personnages ne disposent pas de réel statut social, et le métier ne constitue qu'une différence illusoire dans un univers où rôles et fonctions sont contestés.

❑ Famille, je vous ai...

• Modèles

A

Cependant, nous nous devons de remarquer que la famille fonctionne comme *lien* et *lieu social* privilégié :

– Lien, dans la mesure où le mariage est ici fondateur de l'ordre.

– Lieu, dans le fait que la famille y fonctionne comme le seul espace rassurant.

Le couple, la famille, constituent un modèle de référence, un repère dans un univers où le rapport au monde n'a pas plus d'épaisseur qu'une feuille de papier journal.

Ce modèle fondateur d'ordre doit se reproduire :

– Mme Smith se loue que sa fille lui ressemble et assure ainsi la reproduction d'un modèle stéréotypé (I).

– Les Bobby Watson se nomment tous Bobby Watson. Ils constituent une entité avant d'être des individualités rassemblées sous un même patronyme. Par ailleurs, il semble important qu'en cas de veuvage, toutes les Bobby Watson se remarient.

Activités

• *Relevez et analysez les caractéristiques des familles Smith, Watson et Martin.*

– Le Pompier, quant à lui, se plaît à parcourir les forêts généalogiques, et lui seul semble maîtriser cet univers inextricable.

Ce lieu protégé ne tolère ni l'intrusion ni la différence.

– On hésite à confier au Pompier les raisons d'une dispute, et l'on ne saurait se résoudre à y mêler n'importe qui :

M. SMITH

> Oh, chérie, ce n'est pas bien grave. Le Capitaine est un vieil ami de la maison. Sa mère me faisait la cour, son père, je le connaissais. Il m'avait demandé de lui donner ma fille en mariage quand j'en aurais une. Il est mort en attendant. (p. 44)

La famille est donc un lieu clos, et quand elle n'existe pas, on se doit de la constituer. Le Pompier sera accepté car introduit, inscrit dans une généalogie potentielle.

On vante les mérites de sa famille, on parle de celle des autres, on mime les retrouvailles et l'on montre du doigt ceux qui seraient trop libres.

Les Smith tolèrent difficilement l'intrusion de Mary, la bonne, dans leur salon, mais se montrent encore plus offusqués quand ils découvrent ce qui la lie au Pompier : elle « a éteint ses premiers feux » (p. 66).

L'appartenance se situe également à une autre altitude, celle d'un milieu social avec ses conventions et celle d'un pays avec ses traditions, voire ses préjugés.

– Les Smith sont imbus de leur milieu et ne sauraient tolérer la présence d'une bonne dans leur salon « [...]. Vous avez trop de préjugés », leur dira le Pompier, mais ils demeurent intraitables :

> [...] une bonne [...] n'est jamais qu'une bonne... (p. 66)

– Les Martin, les Smith, le Pompier s'abritent derrière des préjugés qui confinent à la xénophobie : ils évoquent l'âme anglaise de Mme Smith qui expliquerait son romantisme exacerbé :

M. SMITH

> Ma femme a toujours été romantique.

M. MARTIN

C'est une véritable Anglaise. (p. 59)

Ils revendiquent la « pudeur britannique » qui « incomprise des étrangers, mêmes spécialistes » empêcherait les effusions sentimentales (IX, p.67).

Le Pompier, quant à lui, ne peut éteindre les incendies de ceux qui ne seraient pas Anglais :

> Je ne peux pas non plus. Il n'est pas Anglais. Il est naturalisé seulement. Les naturalisés ont le droit d'avoir des maisons mais pas celui de les faire éteindre si elles brûlent. (p. 53)

A

• Automatismes

Or, si les personnages sont appariés, ils sont loin de constituer un couple. On pourrait leur appliquer la terrible formule de Lia, dans *Sodome et Gomorrhe* de Jean Giraudoux :

> Une solitude à deux. (Acte I, sc. I)

En effet, ces personnages n'éprouvent guère de sentiments, et si les disputes semblent ici constituer le seul ressort dramatique comme le seul moteur existentiel, il n'en demeure pas moins que quelques instants d'énervement ne sauraient définir un sentiment et encore moins tracer une psychologie.

Ils sont maris et femmes, parce qu'ils ont été distribués ainsi, mais ne sauraient s'identifier aux rôles. Les Smith ne s'écoutent pas ou plus mais prétendent être un « ridicule couple de vieux amoureux » (p. 21).

Les Martin semblent ne pas se connaître et jouent à « c'est pas vrai mais – c'est toi ! » Ils se parlent en étrangers, sur le ton convenu des conversations de bonne société

Activités

1. Quelle conception du couple se dégage de la pièce ?

2. Que pensez-vous du couple formé par Mary et Le Capitaine des Pompiers ? Pourquoi dérangent-ils, dans la scène IX ? Développez et justifiez votre réponse.

ponctuées de « Cher Monsieur », « Chère Madame », découvrent qu'ils partagent le même appartement, le même lit et qu'ils s'y sont peut-être « rencontrés ». Les didascalies ne laissent planer aucun doute sur l'intensité des sentiments qui les lient :

> Mme Martin s'approche de M. Martin sans se presser. Ils s'embrassent sans expression. (p. 30-31)

Ils s'appellent « Darling », mais l'expression fait partie du mariage et constitue un accessoire parmi d'autres. Si les Smith se posent comme de « vieux amoureux », la scène qui les met en présence nous les montre indifférents l'un à l'autre et immergés pour l'un dans le journal, pour l'autre dans le reprisage. Ils *coexistent,* mais ne *proexistent* pas.

Événements dérisoires, réalités mesquines et moments nuls constituent la trame élimée de leur vie. Ils n'ont pas de pensées, pas d'envies et encore moins de désirs. Ils sont là, dans ces inventaires détaillés qu'ils débitent comme des prévenus justifiant un emploi du temps ; ultimes alibis d'automates qui voudraient passer pour humains.

Car c'est bien d'automates qu'il s'agit ici, de personnages inconsistants, traversés par un texte qui ne leur appartient pas en propre mais qui serait ce fonds commun de clichés, poncifs et autres vérités dites « universelles » qui clignotent au carrefour de la destinée humaine.

Ils ont des avis sur tout, des sentences pour tout et balisent leur vie de conventions et de principes.

Tout y passe :

– L'éducation des enfants, car :

> Il faut leur apprendre à être sobre et mesuré dans la vie. (p. 13)

– La conscience professionnelle :

> Un médecin consciencieux doit mourir avec le malade s'ils ne peuvent pas guérir ensemble. (p. 14)

– La vieillesse :

> Le cœur n'a pas d'âge. (p. 35)

– L'amitié et l'intimité :

> Nous sommes de vieux amis. Ils nous racontent tout. (p. 50)

– La conversation et ses règles sur lesquelles nous reviendrons.

Ionesco dénonce avec un humour grinçant ces conventions sociales, et les conventions dramatiques détournées de leur but lui servent de miroir grossissant.

Ainsi, les didascalies soulignent souvent le caractère stéréotypé de certains gestes. Nous l'avons déjà noté pour la scène de retrouvailles entre les Martin, et nous pourrions y ajouter quelques didascalies de la scène VIII. M. Martin « embrasse ou n'embrasse pas Mme Smith » (p. 60) qui vient de se distinguer dans une histoire abracadabrante.

Pour obtenir du Pompier une nouvelle anecdote :

> *Mme SMITH, tombe à ses genoux, en sanglotant, ou ne le fait pas.* (p. 60)

De telles indications sont superflues et, par là même, soulignent le caractère convenu des gestes de remerciement ou d'imploration.

Toute spontanéité semble proscrite dans cet univers. Au Pompier qui conseille aux Smith de s'embrasser, Mme Smith répondra :

> On s'est déjà embrassé tout à l'heure. (p. 49)

On comprend mieux, alors, que le couple formé par le pompier et Mary détonne dans ce territoire codifié.

> M. SMITH
>
> Hum… hum… vous êtes attendrissants, tous les deux, mais aussi un peu… un peu…
>
> M. MARTIN
>
> Oui, c'est bien le mot.
>
> M. SMITH
>
> … Un peu trop voyants… (p. 67)

Activités

1. Quelle conception de l'humanité se dégage ici ? Peut-on véritablement parler d'êtres humains ? Si vous deviez caractériser ces personnages par trois mots, lesquels utiliseriez-vous ?

Ces automates sont soumis à des gestes mécaniques qui, parfois, s'emballent :

– Mary « éclate de rire. Puis, elle pleure ». Elle sourit sans raison apparente, si ce n'est qu'elle vient d'acheter « un pot de chambre » (I).

– À la fin de la pièce, dans la scène XI :

> *L'hostilité et l'énervement iront en grandissant. À la fin de cette scène, les quatre personnages devront se trouver debout, tout près les uns des autres, criant leurs répliques, levant les poings, prêts à se jeter les uns sur les autres.* (p. 75)

Ils seront « au comble de la fureur », avant de se retrouver pacifiés pour recommencer la même histoire. Accélérés et ralentis s'enchaînent, un peu comme dans cette publicité pour les piles X qui vouent ceux qui ne les possèdent pas à une stupidité muette et immobile.

Fantoches tragiques, ils se raccrochent aux mots, mais l'effondrement des capacités humaines a aussi atteint le langage.

V. MÉLODIE

La forme dialoguée permet toujours d'identifier l'œuvre théâtrale, et l'on peut dire que le théâtre est l'univers du dialogue, l'arène du duel ou du duo.

En général, le personnage parle pour agir sur lui-même ou sur les autres. De même, les propos des autres peuvent agir sur lui. On parle pour dire, et la relation entre parole

Repères

LE DIALOGUE THÉÂTRAL

1. Double énonciation et double destination

Le dialogue dramatique peut se définir comme un échange verbal entre des personnages. En ce sens, il est proche du dialogue ordinaire. Cependant, il s'en différencie par le fait que la situation de communication au théâtre relève de la *double énonciation* et de la *double destination* :

• La réplique s'adresse à un ou plusieurs personnages mais aussi au public.

• La réplique prononcée par un personnage, destinée à un autre personnage, est écrite par l'auteur.

Activités

1. Quelles différences formelles peut-on distinguer entre un dialogue romanesque et un dialogue théâtral ?

2. Quelles différences faites-vous entre un dialogue, un monologue et un aparté ?

3. À quoi peuvent servir les répliques courtes au théâtre ? Quel effet produisent-elles ?

4. À quoi peuvent servir les répliques plus longues ?

Derrière le dialogue se manifeste toujours l'auteur et sa manière d'organiser les répliques en fonction d'un but à atteindre et d'un effet à produire.

2. La diversité formelle des répliques

En ce sens, la longueur des répliques a son importance dans l'analyse des formes dialoguées.

– **Stichomythie :** les répliques échangées (vers ou prose) sont d'égale longueur et généralement courtes. Caractéristique du duel verbal par le rythme qu'elle instaure, la stichomythie prend tout son sens dans son alternance avec des répliques plus longues, voire des tirades.

– **Tirade :** longue suite de vers ou de phrases. Le personnage parle sans être interrompu. Il s'explique, se justifie ou argumente.

– **Récit :** forme particulière du dialogue. Il évoque soit des événements passés nécessaires à la compréhension de l'action, soit des événements qui se déroulent hors-scène et infléchissent l'action. Il peut informer ou commenter.

– **Monologue :** réplique qu'un personnage seul en scène s'adresse à lui-même. Cela prend parfois l'allure de dialogue fictif avec d'autres personnages.

– **Aparté :** réplique qu'un personnage dit à part soi et que le public seul est censé entendre.

Ces différents procédés obéissent à des fonctions différentes et produisent des effets différents selon les situations et contextes théâtraux.

3. Une remise en cause fondamentale

Le théâtre moderne a modifié considérablement la communication théâtrale par l'effondrement du personnage et la perte de confiance dans le langage. Les faux dialogues, dialogues parallèles, monologues à deux voix et autres plurilogues abondent. C'est la notion de dialogue qui est remise en cause et à travers elle, la communication même.

et action est évidente. Les propos des personnages trouvent leur sens dans cette relation.

L'enchaînement construit et rationnel des répliques rend l'action intelligible et permet au lecteur/spectateur d'en saisir la progression.

Dans *La Cantatrice chauve*, les repères du dialogue s'effondrent. Les personnages parlent pour parler, et ce qu'ils disent ne permet pas de se situer dans l'intrigue.

Par ailleurs, comme nous l'avons déjà remarqué, ils font parfois le contraire de ce qu'ils disent et inversement (I, II, VII, VIII).

Pourtant, l'intérêt est maintenu jusqu'au bout, et l'on en vient à se demander :

– Si le langage n'est pas le seul et unique moteur de l'action dans *La Cantatrice chauve* ?

– Si cette convention qu'est le dialogue théâtral n'est pas le moyen privilégié pour dénoncer les difficultés de communication entre les êtres ?

❑ Le rituel de la parole

• Surtout, parler

Les personnages sont la proie des mots et paraissent dans l'impossibilité d'affronter le silence et de se taire. A

À la scène VII, les didascalies font mention :

> *[d'un] long silence gêné au début, puis d'autres silences […].* (p. 33)

Activités

1. *Dressez la liste des sujets de conversation abordés dans chacune des scènes et classez-les. Quelles remarques faites-vous ?*
2. *Faites l'inventaire des « histoires » et « anecdotes » produites. Quelles informations donnent-elles ? Quelle est leur utilité ?*

Nous dénombrerons dix-neuf indications de silence. Elles alterneront avec des manifestations d'hésitation différemment modulées :

> Hm.
>
> Hm, hm.
>
> Hm, hm, hm.
>
> Hm, hm, hm, hm. (p. 33-34)

L'absence de paroles est insupportable et, comme le signale Mme Smith, on « s'emmerde » (p. 35).

Il faut qu'il y ait quelque chose à raconter, et nombreuses sont les incitations à prendre la parole et à raconter : des « fables », des « anecdotes », des histoires. Nous serons même gratifiés d'un poème à la scène IX. Une telle inflation de narratif surprend au théâtre, lieu du dialogue, du discours.

1. Scène VII

> Mme SMITH, *aux époux Martin*
>
> Vous qui voyagez beaucoup, vous devriez pourtant avoir des choses intéressantes à nous raconter.
>
> M. MARTIN, *à sa femme*
>
> Dis, chérie, qu'est-ce que tu as vu aujourd'hui ?

Quand Mme Martin prend la parole, les Smith déclarent :

> M. SMITH
>
> Ah, on va s'amuser.
>
> Mme SMITH
>
> Enfin. (p. 37)

2. Scène VIII

Le pompier proposera de « raconter des anecdotes », et tous applaudiront à ce divertissement :

> Oui, oui des anecdotes, bravo ! (p. 54)

La prise de parole devient un spectacle à l'intérieur du spectacle. Les « fables » se succéderont :

« Le Chien et le bœuf »,

« Le Jeune Veau »,

« Le Coq ».

Chacun voudra en dire une « à son tour » :

M. SMITH

Je vais vous en dire une, à mon tour : « Le Serpent et le renard. » [...] (p.57)

Et il s'exécutera.

M. Martin sollicitera Mme Smith :

C'est votre tour, Madame. (p.58)

Elle dira « Le Bouquet ».

Le pompier sera à nouveau invité à raconter :

Encore une, Capitaine. (p.59)

On le suppliera de continuer, et il subira un assaut en règle :

Dites quand même. (p. 60)

Rendez-nous ce service. *(Ibid.)*

Je vous en prie. *(Ibid.)*

Je vous en supplie. *(Ibid.)*

Cette insistance à pousser l'autre à dire, que ce soit à la scène VII ou à la scène VIII, relève de l'urgence. Nous sentons un besoin vital de paroles. En revanche, on peut noter une certaine défiance à l'égard de la chose écrite.

– M. Smith accuse le journal de « non-sens », car on y donne « toujours l'âge des personnes décédées et jamais celui des nouveau-nés » (p. 15), ce qui n'est pas sans faire songer à l'une des premières phrases des *Mémoires de Groucho Marx :*

Bien que ce soit de notoriété publique, j'estime que l'heure est venue de proclamer qu'à ma naissance j'étais très jeune[1].

Les livres sont mis à l'index, comme si toute parole écrite était vraiment lettre morte. Tout est vécu par la parole proférée qui, seule, donnerait l'illusion d'exister.

M. SMITH

Et ce qui est encore plus intéressant, c'est que les histoires de pompier sont vraies, toutes, et vécues.

1. Éditions Atalante, p. 9.

LE POMPIER

Je parle des choses que j'ai expérimentées moi-même. La nature, rien que la nature. Pas les livres.

M. MARTIN

C'est exact, la vérité ne se trouve d'ailleurs pas dans les livres, mais dans la vie. (p. 54)

• Parler sur tout et rien

Ça parle dans *La Cantatrice chauve*, mais les contenus des énoncés sont souvent d'une banalité désarmante ou d'une logique surprenante. Tout est prétexte à paroles, et tous les sujets sont bons. Les situations se réduisent souvent à des échanges de paroles mais ce qui circule n'informe pas sur l'intrigue, ne permet pas de se situer dans l'action.

Activités

1. Lisez à haute voix et justifiez vos choix interprétatifs.
– Scène I, l'extrait des pages 18 à 20 de « Bobby et Bobby comme leurs parents » à « toutes tes questions idiotes ».
– Scène VII, l'extrait des pages 33 à 36 de « Hm » à « C'est juste ».
– Scène XI, l'extrait des pages 78 à 80 de « T'en as une couche ! » à « Ci ! »

2. Analysez la répartition de la parole dans les scènes I, IV, VII, VIII et XI. Vous préciserez qui mène le dialogue dans chacune des scènes. Vous ferez toutes remarques utiles sur la longueur des répliques et leur enchaînement. Vous relèverez les mots et expressions répétés et préciserez l'effet produit. Vous serez attentifs au rapport gestes/paroles. Vous établirez une typologie des dialogues dans la pièce.

3. En quoi peut-on dire qu'il y a destruction du dialogue dans la scène XI ? Faites l'inventaire des procédés qui l'attestent.

4. Ionesco a déclaré s'être inspiré d'un manuel de conversation courante pour écrire La Cantatrice chauve. Comparez la pièce à des extraits empruntés à ce type de manuel. Choisissez l'un de ces extraits et interprétez-le dans des registres différents : surprise, agressivité, mystère, etc.

En répétant jusqu'à l'usure ce qu'ils viennent de faire, de voir, ils le font durer :

– À la scène I, quand Mme Smith égrène le chapelet des actes quotidiens, elle semble expérimenter les ressources du vocabulaire culinaire et les tournures comparatives ou superlatives.

– À la scène IV, les Martin réinventent leur vie en commun et leurs souvenirs. Ils n'éprouvent plus de sentiments l'un pour l'autre et sont dans l'incapacité visible de vivre pour s'en inventer.

Tout aurait déjà été vécu, resteraient la répétition, la redite et le radotage sans fin. À l'itinéraire amoureux se substitue l'itinéraire géographique qui mène de Manchester à Londres, d'un compartiment à une maison et d'une chambre à un lit.

– À la scène VII, la manière de dire l'emporte sur ce qu'on dit, et la vie n'est plus qu'un exercice de style, une aventure verbale. Le fait que Mme Martin multiplie les précautions oratoires :

> – [...] on ne me croirait pas. (p. 36)
>
> – Eh bien, j'ai assisté aujourd'hui à une chose extraordinaire. Une chose incroyable. (*Ibid.*)
>
> – Eh bien, vous allez dire que j'invente [...]. (p. 38)

crée le suspens, l'alimente, transforme en événement l'acte le plus banal et lui confère une tonalité fantastique.

Si l'on rassemble les éléments de ce récit, on constate que ce dernier pourrait figurer en bonne place dans *Exercices de style* de Raymond Queneau, et l'on se plaît à imaginer cent mille milliards de combinaisons pour métamorphoser la réalité :

> **1.** Eh bien, aujourd'hui, en allant au marché pour acheter des légumes qui sont de plus en plus chers... (p. 37)
>
> **2.** J'ai vu, dans la rue, à côté d'un café, un Monsieur, convenablement vêtu, âgé d'une cinquantaine d'années, même pas, qui... (*Ibid.*)
>
> **3.** [...] il avait mis un genou par terre et se tenait penché. (p. 38)

4. Il nouait les lacets de sa chaussure qui s'étaient défaits. *(Ibid.)*

M. Martin s'abandonnera, lui aussi, au fantastique du quotidien que les mots débusquent :

> Ainsi, aujourd'hui moi-même, j'ai vu dans le métro, assis sur une banquette, un monsieur qui lisait tranquillement son journal. *(Ibid.)*

Et tout le monde de s'exclamer sur l'« originalité » d'un tel comportement.

À la scène VIII, le Pompier filera une quenouille généalogique, « Le Rhume », que lui seul maîtrisera. Dans cette logorrhée saturée de virgules et qui ignore le point, défile une humanité illusoire. Dans cette longue phrase, le pompier est tout juste une ponctuation, et il semble traversé par les mots.

En se racontant des histoires, en énumérant les faits et gestes de leur journée, en évoquant la vie des uns et des autres, ils ont l'impression de vivre, alors qu'ils ne font qu'exister *par* et *dans* la parole. Tous ces personnages racontent des histoires à défaut de s'inscrire dans une histoire. Ils sortent ainsi de leur solitude, s'imaginent dans la collectivité et pensent que le monde est riche.

De même, ils aiment à s'emparer des proverbes, aphorismes et autres vérités universelles qui jalonnent l'aventure humaine. De ces morceaux d'expérience, ils font un centon[1] qui leur tient lieu de pensée et d'action.

Atteints de psittacisme, ils répètent jusqu'à l'usure ces formules éculées :

> – Le cœur n'a pas d'âge. (VII)
>
> – La vérité est entre les deux. *(Ibid.)*
>
> – Cela est vrai en théorie. Mais dans la réalité les choses se passent autrement. *(Ibid.)*
>
> – Je te prie de ne pas mêler les étrangers à nos querelles familiales. (VIII)
>
> – La maison d'un Anglais est son vrai palais. (XI)

1. Mot issu du latin *cento* qui signifiait : « habit rapiécé ». Il s'agit d'une pièce de vers ou de prose composée de fragments empruntés à divers auteurs. (NDE.)

Ils ne reculent devant aucune évidence :

Le plafond est en haut, le plancher est en bas.

et n'hésitent pas à énumérer les sept jours de la semaine en anglais. *(Ibid.)*

Plus la pièce progressera, plus ils éprouveront le besoin de modifier ces clichés, comme si cela suffisait à changer la vie. Peut-être croient-ils ainsi inscrire leur histoire dans l'Histoire et modifier l'ordre du monde en modifiant l'ordre des phrases. Semblables à des coucous, ils feront leur nid dans le nid des autres. Mais si la forme reste, le sens a fui. Semblables aux coucous des horloges détraquées, ils s'abîmeront dans la cacophonie. Le bruit l'emportera sur les mots, et le contenu n'aura plus aucune importance car il s'agit d'éviter le silence.

A

• Conventions sociales

Le souci de parler est très fort chez chacun des protagonistes. Mais communiquent-ils vraiment ?

Dans cette pièce, le dialogue dramatique s'empare des sujets de la conversation ordinaire, et la conversation ordinaire se pare des attributs du dialogue dramatique. Dans ce télescopage, n'est-ce pas l'impossibilité de communiquer qui se fait entendre ? N'est-ce pas l'incapacité à le faire qui se donne à voir ?

Si l'on ressent le besoin de parler, si l'incitation à parler est fréquente, on peut s'interroger sur la manière dont se déroule l'échange entre les personnages.

Ils paraissent craindre le silence, mais écoutent-ils pour autant ce que disent les uns et les autres ? Et tout le monde peut-il prendre la parole ? Qu'en est-il exactement de sa répartition, de la dynamique des échanges ?

Activités

- *Quelles sont, à votre avis, les conditions d'une communication réussie ? Peut-on dire qu'il y a communication entre les personnages dans La Cantatrice chauve ? Justifiez votre réponse.*

Tout d'abord, il convient de noter que le droit à la parole s'exerce dans des conditions précises qui renvoient à des conventions sociales. Ainsi, à la scène IX, Mary ne pourra raconter son anecdote, car elle n'appartient pas au même milieu que les Smith. Elle sera renvoyée à son miroir pour y lire ses poèmes. Elle ne peut être que le seul destinataire de ses propos et se voit enfermée dans un discours clos :

MARY

Je voulais vous raconter…

M. SMITH

Ne racontez rien…

MARY

Oh si !

Mme SMITH

Allez, ma petite Mary, allez gentiment à la cuisine y lire vos poèmes, devant la glace… (p. 67-68)

Mary ne saurait être un interlocuteur valable, et quand elle l'est, c'est parce qu'elle reste dans les limites de son état de bonne (scènes II et III). Quand elle communique, c'est avec le public. Elle incarne alors une forme du discours théâtral : l'aparté (V).

L'on peut, d'ailleurs, remarquer qu'il est souvent difficile de savoir à qui s'adressent les personnages, et s'ils s'adressent d'ailleurs à quelqu'un. Ils donnent souvent l'impression de soliloquer.

Par ailleurs, ils ne semblent pas s'écouter ; ce qui importe souvent, c'est d'enfiler des éléments verbaux clos sur eux-mêmes dans le fil de la conversation.

En ce sens, une des répliques du pompier est très significative :

> Je vais tâcher de commencer quand même. Mais promettez-moi de ne pas écouter. (p. 55)

Ce à quoi Mme Martin répond :

> Mais, si on n'écoutait pas, on ne vous entendrait pas. *(Ibid.)*

Il faut donc un effort pour entendre. Mais que signifie entendre ? Comprendre ou saisir par l'ouïe ? Que signifie écouter ? Prêter l'oreille pour entendre ou tenir compte des paroles de quelqu'un ?

Les mots révèlent les ambiguïtés de la communication et l'on parle de communication à défaut de communiquer.

En fait, il semblerait que l'on fasse toujours semblant d'écouter. Seule intéresserait sa parole personnelle. Chacun est enfermé dans sa bulle et les bulles ne se rencontrent que rarement.

Ainsi, à la scène II, Mary précise qu'elle « a passé un après-midi très agréable », qu'elle « est allée au cinéma avec un homme... » Mme Smith prouvera qu'elle ne l'a pas écoutée et utilisera une formule stéréotypée. Le caractère conventionnel de toute conversation éclate, quand elle déclare :

> J'espère que vous avez passé un après-midi très agréable, que vous êtes allée au cinéma avec un homme et que vous avez bu de l'eau-de-vie et du lait. (p. 22)

À la scène VII, Mme Martin évoquera une aventure sans intérêt, et Mme Smith ne se privera pas de le signaler :

> Qu'est-ce que ça va devenir ! (p.37)

Mais on ne saurait interrompre quelqu'un, car c'est inconvenant :

M. SMITH

> Il ne faut pas interrompre, chérie, vilaine.
>
> [...]
>
> Faut pas interrompre, chérie, tu es dégoûtante.

Mme SMITH

> Chéri, c'est toi, qui as interrompu le premier, mufle.

M. MARTIN

> Chut. [...] *(Ibid.)*

C'est ainsi qu'ils s'abandonneront aux commentaires de convenance et aux phrases stéréotypées. Cela fait tenir la conversation, quand le sujet est épuisé et fait croire à l'autre qu'il est passionnant.

M. MARTIN, M. SMITH, Mme SMITH

Oh !

[…]

M. SMITH

Pas possible.

[…]

LES TROIS AUTRES

Fantastique ! (p. 38)

Quand M. Martin racontera à son tour une aventure encore plus plate, il se verra gratifié des mêmes banalités polies.

Mme SMITH

Quel original !

À la scène VIII, comme nous l'avons évoqué précédemment, tous presseront le Pompier de raconter une autre histoire, mais il s'agit d'une simple réaction imposée par la politesse. Quand il s'exécute, les Smith et les Martin avouent leur indifférence :

M. SMITH, *à l'oreille de Mme Martin*

Il accepte ! Il va encore nous embêter.

Mme MARTIN

Zut.

Mme SMITH

Pas de chance. J'ai été trop polie. (p. 60)

La politesse exclut que l'on demeure à toussoter, sans rien dire. Aussi, à la scène VII, se livreront-ils à un échange oiseux sur le temps. Quand on trouve des bribes de sujet, il faut tenir ce dernier à bout de mots.

M. MARTIN

Nous sommes tous enrhumés.

Silence.

M. SMITH

Pourtant il ne fait pas froid.

Silence.

Mme SMITH

Il n'y a pas de courant d'air.

Silence.

M. MARTIN

Oh non, heureusement. (p. 34)

Chacun aura dit quelque chose jusqu'à épuisement du sujet. Passons à autre chose !...

Repères

LES FONCTIONS DU LANGAGE

Dans un message oral ou écrit, les énoncés répondent à des intentions, des fonctions, différentes.

On distingue :

1. La fonction référentielle (ou dénotative)

Elle informe sur une situation, une réalité : Maria Callas fut une cantatrice célèbre.

2. La fonction expressive

Elle exprime la personnalité et les sentiments de celui qui parle : « Moi, je dis que c'est la plus grande. »

3. La fonction impressive (ou conative)

Elle manifeste la volonté d'agir sur l'interlocuteur (ordre, appel) : « Elle est irremplaçable ! Écoute ses enregistrements ! »

4. La fonction phatique

Elle manifeste le désir d'établir, de maintenir le contact et d'assurer la poursuite de la communication : « Mais oui ! D'accord ! Je t'offrirai ses disques. »

5. La fonction métalinguistique

Elle explique, précise les termes qui composent le message. Cantatrice : chanteuse professionnelle d'opéra ou de chant classique.

6. La fonction poétique

Elle joue sur la valeur sonore, visuelle et rythmique du langage : De Callas, jamais on ne se lasse !

Le rituel de la conversation admet certains officiants, il a aussi ses formules toutes faites, ses stéréotypes. On enfreint vite les règles de la politesse, et couper la parole devient un autre rituel.

Ces personnages ignorent tout de l'art de converser. Ils n'échangent pas vraiment de propos pour prolonger ce que dit l'autre ; ils cherchent seulement à prolonger la parole. Ce qui domine ici, c'est le souci de maintenir un contact verbal, et le langage remplit, avant tout, une fonction phatique. Comme le précisera Mme Smith à la scène XI :

> Quand je dis oui, c'est une façon de parler. (p. 72)

Les formes du dialogue dramatique, tournées en dérision, rendront compte des faillites de la communication courante.

❑ Un impossible dialogue

• Entrelacs

Les longues tirades succéderont aux brèves répliques, mais ce mode d'expression n'a rien de commun avec le théâtre traditionnel.

Les personnages s'enferment dans de longs discours vides de contenu, et la tirade n'est plus qu'une forme qui serre l'informe ; qu'une norme qui sert l'énorme :

– Ainsi, à la scène I, le long récitatif de Mme Smith, entrecoupé des claquements de langue de son époux. Elle suit son histoire et ne craint pas les digressions.

– De même, à la scène VIII, avec la fable du Pompier. Elle s'appelle « Le Rhume », commence sur ce mot et s'achève sur lui. Pourquoi s'arrêter là plutôt qu'ailleurs, nul ne le sait, ne cherchera à le savoir, et la pièce ne nous l'apprendra pas. Peut-être qu'en recommençant à l'infini, le sens se manifestera. Qui peut bien comprendre un tel discours, et sur quoi fait-il le point ?

Plongé dans son monologue, il coupe court à toute interruption de M. Martin et ignore les interventions des autres. On peut relever le « Je dis » péremptoire qui marque la reprise de sa fable après la réplique de M. Martin qui prétend avoir « connu cette troisième femme [...]. Elle mangeait du poulet dans un guêpier ».

Les Smith et les Martin s'empareront d'un mot pour mener un dialogue parallèle qui deviendra vite une sorte de « dialogue-gigogne ». Ils joueront sur les mots et enchaîneront des formules comme dans les comptines enfantines :

> Marabout, bout de ficelle...

Ce qui importe, c'est d'enchaîner :

> – [...] chemin dans la vie...
>
> – [...] chemin de fer...
>
> – [...] pêcheur à la ligne...
>
> – À la ligne morte ?

Ce type d'enchaînements interférera dans d'autres échanges. Dans cette même scène VIII, nous pourrons relever également :

> – [...] circonstances à la mode...
>
> – À la mode de Caen...
>
> – Comme les tripes.

Ainsi, le dialogue fait écho à la structure de la pièce : ruptures, entrelacs et répétitions.

• Répétitions

En effet, le dialogue progresse souvent par la répétition des mêmes mots, sortes de tremplins sonores sur lesquels rebondissent des phrases creuses et généralement courtes :

– Ainsi, à la scène I, la répétition à outrance de Bobby Watson... Là encore, la nuance s'impose :

- Bobby Watson est répété vingt et une fois.
- Bobby ou pauvre Bobby, huit fois (et ce, sur les quarante-six dernières répliques de la scène).

– De même, à la scène IV, le dialogue des Martin sombre dans l'écholalie. La répétition machinale de « comme c'est curieux » revient trente fois sur cinquante-quatre répliques. « Je me souviens » ou formules similaires, onze fois.

Dans l'un et l'autre cas, le dialogue progresse sur les variantes apportées à l'ordre des mots et à la distribution des formules.

Nous sommes confrontés à un « dialogue kaléidoscopique » qui mérite qu'on s'y attarde.

On rencontre la progression par addition des tournures exclamatives :

> – Comme c'est curieux !
>
> – Comme c'est curieux ! Quelle bizarre coïncidence !
>
> – Comme c'est curieux ! Comme c'est bizarre ! et quelle coïncidence !

Parfois, l'on permute les tournures, les adjectifs ; on les associe ou dissocie au gré de l'humeur :

> – Comme c'est bizarre, que c'est curieux, et quelle coïncidence !
>
> – Comme c'est curieux et quelle coïncidence bizarre !

Dans ce jeu de répons, les combinaisons verbales se substituent à la pensée. M. Martin suit son discours, sa femme lui renvoie un écho sonore, une formule-cliché sur laquelle il rebondit pour continuer. Les savantes broderies autour de ses formules font illusion quand le tissu des idées et des sentiments est troué.

À la scène VII, M. Smith interrompra cinq fois le discours de M. Martin. Les quatre coups de sonnette auront un écho dans la répétition de « Tiens, on sonne ». On ne connaîtra jamais l'autre exemple de M. Martin qui, précisent les didascalies, « a oublié où il en est. » Il se confond en hésitations : « Euh », « Ah oui », mais ne peut retrouver le fil. Qu'importe, il trouvera bien autre chose !

Toutes ces formes confinent au monologue, à la parole pour soi. Mais cela n'a rien à voir avec les monologues traditionnels où le personnage s'analysait et analysait la situation. De même, les répliques brèves, signes dans le théâtre classique d'une pensée maîtrisée, mobilisée pour le duel, ne sont plus ici que des témoins du vide.

Pourtant, tous ces personnages se piquent de comprendre et semblent animés d'un souci obsessionnel d'expliquer :

Toujours, on s'empêtre entre les pattes du prêtre. (p. 63)

❑ « Quart d'heure cartésien »

Rares sont les scènes qui ne développent pas leur « quart d'heure cartésien ».

Est-ce à dire que parfois il y aurait argumentation dialoguée, interaction verbale ?

Le terme *logos*, qui, en grec, signifie à la fois « raison » et « parole », trouverait-il dans quelques dialogues de *La Cantatrice chauve* un lieu idéal pour construire progressivement un raisonnement par le détour des arguments d'autrui ?

Les paroles échangées pourraient-elles agir sur les intentions des protagonistes et modifier les situations dramatiques ?

Rien de tout cela, ici. Le dialogue n'est qu'une forme vide :

– Ils raisonnent sur des sujets sans intérêt et sur lesquels nous ne reviendrons pas.

– Ils poussent à bout le raisonnement et utilisent des repères qu'ils croient logiques, pour baliser le vide de leur pensée.

– Là encore, ils font durer le jeu, car le but est de prolonger l'entretien et, si possible, de bien s'en sortir.

Activités

• *Décrivez la couverture proposée par la collection « Folio » pour* La Cantatrice chauve. *Pensez-vous qu'elle illustre bien la pièce ? Justifiez votre réponse.*

• Liaisons/Lésions

Tout d'abord, il convient de noter que ces personnages sont souvent incapables d'établir des liens entre les phrases. Bien souvent, ils les accumulent comme s'ils ne pouvaient organiser leur pensée. Dans le cas, fort rare, où leurs propos sont sensés, nous remarquons des faiblesses de construction.

Ainsi, à la scène I, Mme Smith accumule les détails sur le repas du soir sans utiliser de transition. Les phrases de la première réplique, des indépendantes, se suivent sans liens vraiment logiques. La constance du thème ne suffit pas à créer des relations de cohésion entre les différentes informations. D'une phrase à l'autre, d'une réplique à l'autre, la progression est aléatoire.

Nous sommes confrontés au même procédé à la scène II, quand Mary entre en scène. Elle additionne des phrases liées à son emploi du temps, mais l'absence de transitions empêche d'expliciter le rapport établi entre deux événements ou deux idées.

Nous ne reviendrons pas sur « Le Rhume » et sa ponctuation. La répétition forcenée du relatif « dont » dénote une singulière pauvreté de vocabulaire. Le Pompier est incapable d'utiliser des termes de reprises, des substituts. En fait, on n'a pas l'impression de progresser et de voir quel rôle chaque phrase joue par rapport à celle qui la précède. Quand ils essaient de mettre en ordre leurs idées, ils utilisent des liaisons fautives. Les causes n'expliquent rien. Il suffit, pour s'en convaincre, de relire la première réplique de Mme Smith.

Ils ont un rapport pour le moins surprenant avec les oppositions. En général, elles permettent de confronter deux faits en soulignant leurs différences. Mais, dans *La Cantatrice chauve*, des propositions incompatibles vont être présentées comme équivalentes.

À la scène I, nous relevons :

> Elle a des traits réguliers et pourtant on ne peut pas dire qu'elle est belle. [...] Ses traits ne sont pas réguliers et pourtant on peut dire qu'elle est très belle. (p. 17)

La scène XI nous offrira un véritable florilège de ces oppositions étonnantes. Nous n'en prendrons qu'un exemple :

> Je peux acheter un couteau de poche pour mon frère, mais vous ne pouvez acheter l'Irlande pour votre grand-père. (p. 71)

Il est bien difficile de déterminer quelle relation logique peut s'établir entre ces deux phrases. Mais si la logique est perturbée, le goût pour le raisonnement n'en est pas moins puissant, et tous les prétextes sont bons.

• Raisonner/Résonner

À la scène I, les interrogations sur le sens se multiplient :

> [...] comment se fait-il que le docteur s'en soit tiré et que Parker en soit mort ? (p.14)

s'inquiète M. Smith.

La réponse de Mme Smith sonne comme une fin de non-recevoir : parce que l'un est vivant et l'autre mort. Argument forclos qui en amènera un autre de même acabit. Cela

Activités

1. *Lisez à haute voix « Le Rhume ». Quelles difficultés rencontrez-vous et pourquoi ?*
2. *Repérez les pronoms relatifs du texte et identifiez leurs antécédents.*
3. *Repérez, dans ce texte, le champ lexical de la famille. Classez les termes dans un tableau « généalogique ».*
4. *Remplacez les subordonnées relatives par des tournures équivalentes (épithète, complément du nom, apposition) en veillant à ponctuer correctement ce texte.*
5. *Lisez à haute voix votre production : l'effet produit est-il le même que dans l'œuvre de Ionesco ?*
6. *Lecture du poème de Mary, « Le Feu » :*
   – En quoi y a-t-il à la fois cohérence et incohérence dans ce poème ? Justifiez vos remarques.
   *– À votre tour, rédigez un court poème sur l'***eau***, qui s'autodétruira dans le dernier vers.*

soulèvera des « Pourquoi ? » chez son épouse, et le tournoi se mettra en place. Comme le dit Vladimir dans *En attendant Godot* de Samuel Beckett :

> Il faut [se] renvoyer la balle de temps en temps.[1]

Ce n'est pas le souci de connaître la vérité qui prévaut ici, mais celui de prolonger l'entretien. Un argument qui n'est bien souvent qu'un proverbe et qui, de ce fait, n'a plus à être démontré, a valeur d'autorité. Il deviendra la forme idéale où se coule un paralogisme. Le commandant périt avec son bateau/Le médecin doit périr avec son malade. Si la comparaison surprend par son raccourci, elle se transforme *ipso facto* en syllogisme, mais les facultés logiques étant atteintes, cela tourne court dans un télescopage inepte et une conclusion absurde :

> [...] Le bateau a aussi ses maladies ; d'ailleurs ton docteur est aussi sain qu'un vaisseau ; voilà pourquoi encore il devait périr en même temps que le malade comme le docteur et son bateau.
>
> Mme SMITH
>
> Ah ! je n'y avais pas pensé... C'est peut-être juste... et alors, quelle conclusion en tires-tu ?
>
> M. SMITH
>
> C'est que tous les docteurs ne sont que des charlatans. Et tous les malades aussi. Seule la marine est honnête en Angleterre.
>
> Mme SMITH
>
> Mais pas les marins.

Activités

1. Relevez, dans la scène I, les défauts de construction logique dans l'histoire de Parker et du docteur Mackenzie-King (p. 14-15).

2. Repérez, dans les fables du Pompier : « Le jeune veau » (p. 56) et « Le Serpent et le renard » (p.57-58), les termes d'articulation logique. Que remarquez-vous ? Que faudrait-il faire pour que ces histoires aient un sens ?

---

1. Éditions de Minuit, p. 15. Voir également, chez Bertrand-Lacoste, le « Parcours de lecture » n° 58

M. SMITH

Naturellement. (p. 15)

Pause indiqueront les didascalies.

La conversation retombe ; il faut donc la relancer en conservant cette dynamique raisonneuse :

> Il y a une chose que je ne comprends pas. *(Ibid.)*

déclare M. Smith (il s'agit de l'âge des nouveau-nés). Mais son épouse n'est pas décidé à poursuivre l'échange :

> Je ne me le suis jamais demandé.

et les didascalies indiquent :

> *Un autre moment de silence. [...]* (p. 16)

La conversation s'engagera alors sur Bobby Watson, à propos d'un article du journal. La réaction de Mme Smith est immédiate, et son mari lui avouera :

> Ça n'y était pas sur lc journal. [...] Je m'en suis souvenu par associations d'idées ! *(Ibid.)*

Cette dernière formule est pertinente pour interroger les dialogues de cette œuvre. L'association relève du hasard et n'appelle ni logique, ni enchaînement. Elle se pose et elle s'impose. À partir d'elle se met en place une dynamique – une sorte de jeu de répons – qui atteste que l'autre est là. Bien souvent, d'ailleurs, il renvoie une question. Quand Mme Smith posera trop de questions, elle se verra rabrouer pour « idiotie ».

À la scène IV, les déductions logiques de M. Smith rebondiront sur les exclamatives et imprimeront son mouvement à la scène. Bien entendu, l'autre doit jouer le jeu et ne pas s'en lasser ou ne pas lasser.

À la scène V, Mary dénoncera les défauts de cette « argumentation ». Elle fournit une « preuve », soulève un obstacle qui « anéantit toute sa théorie » et se méfie des « coïncidences extraordinaires qui semblent être des preuves définitives ». Mais ce n'est qu'un aparté, et la preuve est encore plus inepte que le raisonnement qui l'a provoquée.

La scène VII voit un débat serré sur la relation sonnerie/sonneur. Les répliques s'enchaînent : tournures elliptiques et phrases courtes. Le possible bataille avec le probable ; le jamais ferraille avec le toujours dans un rythme qui s'accélère.

La venue du Pompier, à la scène VIII, relancera le jeu et le conclura. Il mettra les plaideurs d'accord en les bloquant l'un et l'autre par un argument d'une logique irréfragable : quand on sonne, il y parfois quelqu'un et parfois personne.

À la fin de sa fable, « Le Rhume », Mme Martin prétendra ne pas « avoir très bien compris », car, à la fin, on « s'empêtre ». Comment pourrait-on ne pas s'empêtrer ? Ce qui est essentiel ici, c'est de « recommencer ». Il est intéressant de noter que Mme Martin ne réagit que sur la dernière phrase du Pompier. Et que sa question repose sur un enchaînement paronymique :

> [...] quand on arrive à la grand-mère du prêtre, on s'empêtre. (p. 63)

Enchaînement dont M. Smith s'empare, pour le reproduire avec une variante :

> Toujours, on s'empêtre entre les pattes du prêtre. *(Ibid.)*

Ce qui domine, dans cet échange, c'est la poursuite de l'échange ; la demande d'explication est accessoire et vise, en priorité, à maintenir le contact.

En fait, la vraie dramatisation de l'action est là, dans ces joutes raisonneuses. Les mots donnent le rythme. À défaut de situations dramatiques, des situations de parole et le rythme des mots, car c'est sur eux qu'on répond. On n'apprend rien sur l'action et, pourtant, il y a de l'action. Les rapports entre les personnages se modifient, et des groupes se dessinent :

– Les Smith se disputent en I.

– Au début de la scène VII, les Martin s'opposent aux Smith. Les gloses sur la sonnette verront se modifier les alliances...

Les femmes avec les femmes :

> Oh ! vous, les femmes, vous vous défendez toujours l'une l'autre. (p. 41)

Les hommes avec les hommes :

> Ah ! ces hommes qui veulent toujours avoir raison et qui ont toujours tort ! *(Ibid.)*

On rejouera la scène devant le Pompier, et il rétablira l'équilibre. Tout le monde se rassemblera pour se débarrasser de Mary à la scène IX.

– À la scène finale, les personnages se livreront à des jeux d'opposition qui feront éclater et la logique, et le dialogue. Chacun y va de son proverbe dénaturé, et l'échange se maintient jusqu'à l'énervement et l'hostilité. L'autre devient un intrus, et tout dialogue est impossible : l'auteur met un terme à la pièce.

Mais ce terme n'est qu'un mot : RIDEAU !

Dans *La Cantatrice chauve*, l'action repose sur les échanges verbaux ou verbeux et les enjeux de la parole. Les échanges créent des micro-situations qui ne renvoient pas à une situation dominante. Ils se multiplient, prolifèrent, mus par une force qui dépasse les personnages eux-mêmes.

VI. CACOPHONIE

Le sens d'un énoncé ne saurait être dans la juxtaposition de signifiants. La construction du sens se réalise dans l'association du son au mot et du mot à la phrase.

❑ Sens dessus dessous

• Fausses notes

Dans *La Cantatrice chauve,* les ruptures signifié/signifiant se multiplient, et les anomalies sémantiques s'enchaînent. À la scène XI, le phonétique l'emportera sur le sémantique, et le dialogue se détruira pour n'être plus que cacophonie.

Il serait vain de vouloir recenser toutes les aberrations qui émaillent le texte des répliques ; nous nous contenterons d'en signaler quelques-unes. A

Nous pouvons remarquer :

1. Des alliances inattendues : (« yaourt bulgare folklorique » et « bourgogne australien »).

Si, par une véritable gymnastique intellectuelle, on peut appréhender le sens de la première, la seconde demeure une énigme.

2. Des variations étymologiques qui, par un jeu de substitution presque oulipien,[1] annulent le sens de la phrase :

Activités

• *Relevez, dans la scène XI (p. 71-75), les formulations aberrantes.*

1. Adjectif formé sur OULIPO, abréviation de OUvroir de LIttérature POtentielle. Ce groupe fut créé en 1960 par Raymond QUENEAU ; Georges PEREC et Italo CALVINO le rejoignirent plus tard. Ils se proposaient d'analyser scientifiquement les structures littéraires et d'ouvrir de nouvelles perspectives à la littérature.

Repères

SIGNE/SIGNIFIÉ/SIGNIFIANT

1. Définitions

Le mot est une unité linguistique composée de deux faces : le *signifiant* et le *signifié.*

Le signifiant est son *aspect matériel.* Il désigne la forme phonique (orale) et graphique (écrite) d'un mot.

Le signifié désigne son *contenu*, c'est-à-dire l'idée que ce mot comporte.

L'union du signifiant et du signifié constitue le *signe linguistique.*

2. Polysémie

Un même signifiant peut disposer de plusieurs signifiés. Il est en général *polysémique.*

Ainsi le signifiant < bouton > dispose de multiples signifiés : bouton de porte, bouton de culotte, bouton de fleur, éruption de boutons...

Dans la mesure où elle est source d'ambiguïté, la polysémie permet bien des jeux verbaux.

« J'attends que l'aqueduc vienne me voir à mon moulin » (p. 74) n'est qu'une variante de « apporter de l'eau à mon moulin ».

Qu'est-ce qu'un aqueduc, si ce n'est, étymologiquement, un « conduit d'eau » ?

3. Des associations analogiques qui dynamitent les proverbes :

« Qui vole un œuf vole un bœuf » devient « j'aime mieux pondre un œuf que voler un bœuf » (p. 76). L'œuf amène un verbe qui lui est lié par analogie, et le proverbe sombre dans l'ineptie.

4. Des télescopages polysémiques qui altèrent des stéréotypes :

Prenez un cercle, caressez-le, il deviendra vicieux. (p. 72)

Deux acceptions de *vice* se mêlent, pour se substituer l'une à l'autre.

Par contamination analogique, vice = plaisir = caresse, le cliché se vide de son sens commun pour accéder au calembour.

Activités

1. *Quel proverbe dénaturé reconnaissez-vous ? Comment est-il construit ?*
2. *Cherchez quelques proverbes dans le dictionnaire. Après en avoir élucidé le sens, vous étudierez leur composition :*
   - *modes et temps verbaux,*
   - *types de propositions,*
   - *place des déterminants.*

- *De nombreux écrivains et artistes ont joué avec les proverbes et aphorismes. Ils en ont obtenu des effets surprenants...*
  - *Balzac :*
    « Qui trop embrasse à mal aux reins. »
  - *Alphonse Allais :*
    « Ne remets pas à demain ce que tu peux faire après-demain. »
  - *Pierre Dac :*
    « L'avenir c'est du passé en préparation. »
    « Rien ne sert de penser, il faut réfléchir avant. »
  - *Le dessinateur Chaval :*
    « Qui vole un bœuf est vachement costaud. »
    « Quand le pain est mouillé, il faut le boire. »
    « La tigresse est la mère de tous les tigres. »

3. *En quoi se distinguent-ils des proverbes habituels ?*
4. *À votre tour, livrez-vous au jeu des détournements.*

5. Des confusions homophoniques qui rendent la phrase indécodable :

> Le pain est un arbre tandis que le pain est aussi un arbre, et du chêne naît un chêne, tous les matins à l'aube. (p. 74)

Pin et arbre à pain sont des arbres. Mais le pain n'en est pas un.

6. Des contaminations phonétiques.

Des mots proches phonétiquement s'attirent par leur syllabe initiale. Ainsi, à la scène I, on est opéré « de l'appendicite et de l'apothéose ».

Contaminés par un segment commun, les mots perdent leur sens, mais cette collision ne surprend personne, et, dans la scène finale, les personnages ne répondront plus que sur les sons qu'ils modifieront d'une réplique à l'autre.

Activités

1. *Relevez un calembour dans la scène XI. À votre tour, composez des calembours.*
2. *À partir des phrases utilisées dans certains exercices d'élocution, bâtissez un court dialogue à la manière de Ionesco, dans la scène XI. Vous pourrez utiliser les phrases suivantes ou en bâtir sur ce modèle :*
   - *Les chaussettes de l'archiduchesse sont-elles sèches, archisèches ?*
   - *Un chasseur sachant chasser doit savoir chasser sans son chien.*
   - *Affolée par le feu, la fillette falote fila, tandis qu'un défilé fanfaronnant faisait fi de sa fuite fatale.*
   - *Samy, Siamois sans souci, s'empara des six savoureuses saucisses sans sel qui sortaient du sac de Sophie.*
   - *Ça c'est sûr, aussi surprenant que cela soit, le chapeau de Sacha sèche sans soleil.*

7. Une consonne en plus, une consonne en moins…

Mme SMITH

Quelle cacade, quelle cacade […] (répété neuf fois, p. 75).

M. MARTIN

Quelle cascade de cacades […] (répété huit fois, p. 75-76).

8. Un phonème sourd qui devient sonore :

Mme MARTIN

Touche pas ma babouche !

M. MARTIN

Bouge pas la babouche ! (p. 77)

9. Des chaînes phonétiques qui commencent par une consonne et qu'il faut poursuivre dans un duel sonore :

Mme MARTIN

Bazar, Balzac, Bazaine !

M. MARTIN

Bizarre, beaux-arts, baisers ! (p. 79)

Sans oublier :

Cactus, Coccyx ! coccus ! cocardard ! cochon ! (p. 76)

Les mots s'attirent dans des jeux de rimes infinis. Nous songeons aux douze répliques organisées autour de la rime « ouche ».

Les répliques sont là, mais ce n'est que formel. Rien ne se dit, et les glissements phonétiques tiennent lieu de mouvements. Nous assistons à la destruction complète du dialogue.

Les personnages s'abandonnent à des exercices d'articulation, et nous sommes soumis à une véritable escalade sonore.

L'énumération des lettres « A, c, i, o, u, a … » sera suivie des onomatopées de Mme Smith qui imite le train :

Teuff, teuff, teuff […]. (p. 79)

Et la pièce s'achève sur des personnages qui échangent des monosyllabes :

M. SMITH

C'est !

Mme MARTIN

Pas !

M. MARTIN

Par !

Mme SMITH

Là !

M. SMITH

C'est !

Mme MARTIN

Par !

M. MARTIN

I !

Mme SMITH

Ci ! (p. 79-80)

La mécanique s'est emballée, et nous ne voyons plus que des marionnettes déréglées. Il nous semble entendre le bras d'un tourne-disque creusant jusqu'à la stridence le même sillon. L'arrêt brusque des paroles, à la fin de la scène, donne l'impression que quelqu'un vient d'actionner un interrupteur.

❑ Du vide des mots au vide des choses

Mais est-ce vraiment le langage qui est mis en question dans *La Cantatrice chauve ?* N'est-ce pas plutôt une certaine vision du langage, un certain usage du langage qui sont ici dénoncés ? N'est-ce pas avant tout le refus des règles contraignantes qui est ici mis en scène, mis en mots et mis à mort.

Une langue bridée dans un carcan de structures instaure et impose une certaine norme sociale. Vouée à l'utilitaire, elle ne permet plus la communication et sombre dans l'insignifiance. Resterait le jeu avec les mots et sur les mots, ultime forme de révolte pour l'homme, dernier rempart contre le vide.

Dans *La Tentation d'exister* (1956), le philosophe E.M. Cioran déclare :

> Le malaise que suscite en nous le langage ne diffère guère de celui que nous inspire le réel ; le vide que nous entrevoyons au fond des mots évoque celui que nous saisissons au fond des choses : deux perceptions, deux expériences où s'opère la disjonction entre objets et symboles, entre la réalité et les signes. Dans l'acte poétique, cette disjonction prend figure de rupture. S'arrachant par instinct aux significations convenues, à l'univers hérité et

Activités

1. *À partir de la scène IV.*

   À votre tour, écrivez une courte scène qui reposera sur la répétition modifiée de répliques. Répliques proposées : Comme vous avez raison, c'est incontestable et nul ne saurait le nier. *De plus, à la manière du maître de philosophie de Monsieur Jourdain, dans* Le Bourgeois gentilhomme, *vous évoquerez une belle marquise dont les beaux yeux font mourir d'amour. La phrase devra, elle aussi, subir des modifications d'une réplique à l'autre.*

2. *À partir de la scène VII (extrait précédemment cité).*

   Avez-vous déjà observé le comportement des gens dans une salle d'attente ou un ascenseur. Que remarque-t-on ? Imaginez une saynète dans de tels lieux.

3. *Écrivez un court dialogue théâtral accompagné de didascalies et mettant en scène trois ou quatre personnages.*

   Dans les scènes IX et X, le Capitaine des Pompiers se livre à des jeux de mots en utilisant des expressions figurées liées au feu : « elle a éteint mes premiers feux », « feu de paille » et « brûlure d'estomac ». Complétez cette « liste » avec d'autres expressions comportant les mots feu, brûlure, flamme *et bâtissez un court dialogue.*

4. *À partir d'expressions figurées liées aux cheveux, rédigez un court dialogue intitulé « Quand le chauve sourit ».*

aux mots transmis, le poète, en quête d'un autre ordre, lance un défi au néant de l'évidence, à l'optique telle quelle. Il s'engage dans la démiurgie verbale[1].

Cette réflexion de celui qu'on nomme le « philosophe du désespoir » trouve un singulier écho chez l'auteur de *La Cantatrice chauve*.

N'est-ce pas en s'emparant d'un manuel de conversation courante qu'il est venu au théâtre ? N'est-ce pas en s'emparant du lapsus d'un de ses acteurs qu'il a trouvé le titre de sa pièce ?

Repères

LE PROCESSUS CRÉATIF

1. Histoire d'un titre

Ionesco évoque, dans *Notes et contre-notes* (1966), la « naissance de la Cantatrice » :

> Je proposai *L'Heure anglaise, Big-Ben Folies, Une heure d'anglais*, etc. [...] On ne trouvait pas de titre convenable. C'est le hasard qui le trouva.

Il parle alors du *lapsus linguae* de l'acteur qui jouait le Pompier :

> En récitant le monologue du *Rhume* où il était incidemment question d'une institutrice blonde, [il] se trompa et prononça « cantatrice chauve ». « Voilà le titre de la pièce ! » m'écriai-je. C'est ainsi donc que *La Cantatrice chauve* s'appela *La Cantatrice chauve*. (p.257-258)

2. À toutes fins utiles

Dans le même texte, Ionesco mentionne une « fin plus foudroyante. Ou même deux, au choix des acteurs. » (p.258).

– La première sembla à l'auteur « assez compliquée ».

1. Gallimard, coll. « Idées », p. 203.

– La seconde lui parut « plus facile à faire ». Mais, précise Ionesco, « on trouva cette fin trop polémique » (p.260).

– Il évoque également une « autre solution » d'un metteur en scène italien :

> Le rideau tombe sur la querelle des personnages qui s'empoignent en une sorte de danse frénétique, une sorte de bagarre-ballet. C'est aussi bien. (p. 260)

Les deux extraits reproduits ici ont été empruntés à *L'Avant-scène** :

> *En voici une difficilement jouable, car elle nécessite une trop nombreuse figuration.*
> *Dans la dernière scène, après le départ du pompier, les personnages se jettent à la figure des phrases désarticulées, puis des mots, des syllabes, des voyelles, des consonnes. Cette scène aurait pu être plus violente, les personnages auraient pu arriver à être au comble de la fureur si une mise en scène très dynamique, ayant cette fin en vue, avait permis un crescendo et préparé un déchaînement paroxystique désarticulant les personnages eux-mêmes. Je dois dire que le jeu de Nicolas Bataille et de ses comédiens est excellent. Leur interprétation donne bien l'expression de la querelle, de la colère – qui aurait pu, toutefois, pourquoi pas, gagner encore en véhémence. Ainsi, les personnages auraient pu se crier les répliques susdites ou les fausses répliques, dans les oreilles les uns des autres ; ils auraient pu se mettre le poing sous le nez ; se cracher au visage ; arracher les chapeaux, cravates, etc., jusqu'à* « c'est pas par là, c'est par ici », *pendant que la pendule aurait pu s'écrouler avec fracas et qu'on aurait pu entendre le tonnerre, apercevoir des éclairs. Puis, soudainement, apparition de Mary, la bonne.*

---

* N° 373/374 (1/15-2-1967).

MARY, *entrant*, Madame est servie !

(Brusque arrêt du mouvement. Pause. Court silence. Comme si rien ne s'était passé, les Smith, reconstitués, sourient aux Martin, M. Martin sourit à Mme Martin, Mme Smith à M. Martin, etc., inclinaisons, révérences excessivement polies. Mme Smith offre son bras à M. Martin. Ceux-ci sont suivis par M. Smith qui a offert son bras à Mme Martin. Orchestre en sourdine.)

MADAME SMITH, *à M. Martin*. Mary a préparé un repas excellent. Une spécialité de sa province.

MONSIEUR MARTIN, *à Mme Smith*. Puis-je savoir quel est ce plat, chère amie ?

MADAME SMITH. De la purée d'excréments de volaille au jus de citron.

MONSIEUR MARTIN. C'est bon aussi à la citrouille.

MADAME SMITH. Vous connaissiez ?

(Ils sortent.)

MONSIEUR SMITH, *à Mme Martin*. Nous aurons une boisson excellente, ma chère amie, à ce dîner.

MADAME MARTIN. Puis-je savoir, cher ami, si je ne suis indiscrète ?

MONSIEUR SMITH. Du pipi de jument alcoolisé.

MADAME MARTIN. Oh ! Délicieux ! Je n'ose croire... En bouteille n'est-ce pas ?

(Ils sortent. Mary sort aussi.)

La scène reste vide. L'orchestre cesse de jouer progressivement. La scène reste vide longtemps encore. Des minutes s'écoulent. Le public peut, à un certain moment, soit quitter la salle et l'on fermerait les portes, soit exprimer son mécontentement, encouragé par des compères mêlés au public. Il y aurait, dans ce cas, des sifflements, huées, protestations, injures, carottes jetées sur le plateau, œufs pourris, etc. Une dizaine ou davantage de figurants montent à l'assaut de la scène, hurlant, armés de massues (des figurants, hélas ! car il n'est guère possible d'espérer que d'authentiques spectateurs viennent se jeter sur le plateau et les décors !). Au moment où les furieux ont pris pied et se dirigent vers le fond des décors, des mitrailleuses crépitent aux quatre coins du plateau (de fausses mitrailleuses, de fausses balles car, vraiment, on ne peut, une fois encore, en espérer de véritables). Les assaillants tombent morts. Le directeur du théâtre, l'auteur, un commissaire de police, plusieurs gendarmes venant des coulisses font leur apparition, calmement, sur le plateau. Le directeur du théâtre compte les cadavres allongés. Il regarde ses partenaires d'un air satisfait.

LE DIRECTEUR DU THÉÂTRE, *après avoir compté les morts.* Ce n'est pas mal... Espérons qu'ils seront plus nombreux demain. Toutes mes félicitations, monsieur le Commissaire.

L'AUTEUR, *au directeur du théâtre.* Merci de m'avoir défendu. *(Il montre la salle puis, face au public.)* Je suis un auteur d'État !

Activités

1. *Que pensez-vous de l'apparition de l'auteur dans le second extrait ? Mettez-la en relation avec la scène V de la pièce. Quel effet cela produit-il ?*
2. *Quelle fin préférez-vous, et pourquoi ?*

LE DIRECTEUR DU THÉÂTRE *aux spectateurs effrayés.* Canailles ! Ce n'est pas votre place ! Qu'est-ce qu'il vous prend de venir vous mêler de ce qui ne vous regarde pas ? Que cela vous entre dans la tête ! *(Il montre les cadavres sur la scène.)* Que cela vous serve de leçon. Voilà ce qui vous attend ! Nous défendrons, contre le public en l'empêchant de venir, la plus noble institution de notre patrimoine culturel : le théâtre, temple sublime des actrices ! *(Aux gendarmes.)* Chassez-les. *(Au public.)* Que je ne vous y prenne plus. Ne remettez plus les pieds ici.

(L'auteur, le directeur du théâtre, le commissaire de police se congratulent réciproquement, ainsi que les acteurs qui viennent des coulisses. Ils s'embrassent, parlent gaiement tandis que les gendarmes, mitrailleuses en main, évacuent brutalement la salle.)

Voici un autre final, réalisable, prévu pour des spectateurs plus sensibles.

Mary entre, à la fin de la dernière réplique de la dernière scène disant : « C'est pas par là, c'est par ici... » *etc.*

MARY, *annonçant.* Mesdames et Messieurs, voici l'auteur !

DES COMPÈRES, *dans la salle.* L'auteur, l'auteur ! Vive l'auteur !

(L'auteur entre par le fond du plateau. Les comédiens en rang, de chaque côté de la scène, font la haie, laissent passer l'auteur, s'inclinent à son passage.)

L'AUTEUR, *souriant d'abord, puis, furieux, face au public, montrant le poing.* Tas de coquins**, j'aurai vos peaux !

** Ou coquins, ou bandits, ou cons, salauds, etc., selon les têtes des spectateurs.

(Le rideau tombe vite.)

En dehors de la fin, avec le recommencement (celle que l'on joue habituellement), et les deux scènes finales que je viens de vous présenter, trente-six autres sont possibles et... pensées. En réalité, les personnages devraient littéralement exploser et fondre comme leur langage. On devrait voir leurs têtes se détacher des corps, des bras et jambes voler en éclats, etc.

Cela n'est possible qu'au cinéma. (Et encore ! Ce ne serait que du trucage.) Je me propose, toutefois, d'en faire un film explosif.

Alors, quel effet produit cette œuvre ? Comment la caractériser ? Que dire de cet univers où l'on ne peut plus se passer des mots et où ces derniers imposent aux hommes leur arbitraire ?

• Notes et contre-notes

Peut-être convient-il maintenant de s'interroger sur la genèse de *La Cantatrice chauve*. Pourquoi et comment Ionesco a-t-il écrit cette œuvre ? On ne saurait ici faire l'impasse sur des textes fondamentaux consacrés au théâtre, mais aussi à *La Cantatrice chauve*. L'étude du processus créatif ne vise pas à la recherche d'un sens prédonné. Elle fournit une clef interprétative parmi d'autres, et c'est le lecteur qui demeure maître du trousseau.

Au départ, Ionesco s'empare du dialogue comme forme toute faite, telle que l'utilisent les manuels de conversation courante. Il s'agit d'échanger des formules, elles aussi toutes faites, pour faire acquérir du vocabulaire courant.

Mises à plat, de telles conversations aboutissent à des échanges creux, exempts de toute idée, de toute pensée, puisque le but premier est :
– de mettre en œuvre des tournures grammaticales,
– de faire acquérir un vocabulaire dit de base.

C'est ce que fait Mme Smith à la scène I, quand elle s'abandonne aux voluptés des tournures comparatives et superlatives. C'est ce que font tous les personnages à la scène XI, quand ils déclinent les jours de la semaine et autres évidences similaires.

Ce n'est plus qu'un ensemble d'automatismes qu'il faut acquérir. Les personnages sont incapables d'exprimer une pensée et, à force d'être traversés par ces automatismes, ils deviennent eux-mêmes des automates.

Les proverbes et autres stéréotypes de la pensée dite logique se défont dans le langage, et il ne reste que des formules vides qui encadrent des raisonnements gauchis et des absurdités. Ils continuent d'utiliser des mots mais vidés de leur sens. Ce que l'auteur appelle « plagiat » se mue alors en texte théâtral :

> Comment aurais-je pu changer la moindre chose à des paroles exprimant d'une façon si édifiante la vérité absolue[1] ?

« Hénaurme ! » Aucun mot ne saurait mieux convenir pour définir cet objet théâtral qu'est *La Cantatrice chauve*.

C'est étrange !

On se dit qu'on n'a jamais vu ça, que c'est une monstruosité, quelque chose comme une fantaisie baroque. Ce serait insensé.

Et pourtant, comme dans les portraits composés par le peintre Arcimboldo, on reconnaît ici ou là des éléments qui font signe et créent du sens.

– Le quotidien des Smith et des Martin, c'est un peu le nôtre, parfois.

Nous avons tous rencontré ce type de situations où l'on parle de la pluie et du beau temps pour ne pas avoir à écouter le silence. Nous avons tous raconté des histoires que nous étions les seuls à trouver drôles.

Ça fait « vrai » !

1. *Notes et contre-notes*, p. 250.

Mais le trait est grossi, les personnages sont trop grotesques, et l'on ne saurait s'identifier à eux tant ils paraissent ridicules.

– Nous sommes au théâtre, à n'en pas douter. Nous pouvons repérer des formes et des procédés habituels.

Mais là encore, les signifiants sont prétextes à jeux, mais pour quel signifié ?

Parodie ? Mais pour déboucher sur quoi ?

Quelle est donc la tessiture de ce comique ?

❑ Comique en tous sens

• Parodie

Elle apparaît à tous les niveaux de l'œuvre. Et tout d'abord, dans ce qui l'a inspirée et qui relève du plagiat.

Comme nous l'avons déjà évoqué, Ionesco s'est emparé d'un manuel de conversation franco-anglaise pour dénoncer la communication courante, et il en fait le support d'une œuvre théâtrale.

Le théâtre devient ainsi le lieu où se donne à voir la comédie du langage et de la communication. A

Une parodie d'échanges tient lieu d'argument à une œuvre théâtrale, et cette dernière se mue à son tour en parodie du théâtre.

Activités

1. *Quels types de comique connaissez-vous ?*
2. *Les retrouve-t-on dans la pièce ?*
3. *Qu'est-ce qu'une* parodie ?
4. *Quels types de parodie trouvons-nous dans* La Cantatrice chauve ? *Classez-les.*

Repères

LES FORMES DU COMIQUE

1. La farce

Pièce comique généralement courte à visée satirique.

Le comique de la farce repose sur des procédés mécaniques qui utilisent toutes les ressources du langage (jeux de mots, quiproquos, plaisanteries douteuses) et du corps (mimiques et jeux pantomiques).

Généralement, la farce met en scène des personnafes rudimentaires et des actions stéréotypées où les coups de bâtons l'emportent sur les coups de théâtre.

2. Mime et pantomime

Ce sont des formes d'expression par gestes et jeux de physionomie sans recours à la parole.

Elles étaient très prisées dans les théâtres grec et latin et ont connu des vogues diverses à travers les siècles.

Les situations comiques, souvent fort simples et sans intrigues véritables, font appel au comique de gestes et d'attitudes. Mime et pantomime reposent généralement sur la parodie, voire la caricature.

3. La parodie

Elle repose sur la transformation d'un texte, d'une situation, en vue de les tourner en dérision par des effets comiques.

Cette mise en abyme définit une nouvelle réalité théâtrale qui tourne en dérision les conventions et justifie l'appellation d'« anti-pièce ».

Comme l'ajoutera Ionesco, on se trouve en présence d'une « vraie parodie de pièce, une comédie de la comédie » (p. 252).

Nous sommes dans un univers du trompe-l'œil où l'usage de la dramaturgie traditionnelle brouille les pistes : découpages en scènes, scènes à faire, ébauches de conflits qui n'en finissent pas de se multiplier sans se déclencher, dans une infinie répétition.

Les conventions théâtrales appliquées au pied de la lettre finissent par devenir monstrueuses et entrent en collision avec le sujet même de la pièce. Devenues autonomes, elles se mettent en scène elles-mêmes, et les acteurs se soumettent à cette infernale logique.

Les didascalies contredisent le texte, et la pendule n'en fait qu'à sa tête, même si le temps de la représentation correspond à celui de la fiction.

L'accumulation des indications scéniques tourne en dérision le réalisme et, parallèlement, permet la caricature d'une certaine réalité humaine.

C'est du théâtre de boulevard avec ses personnages convenus, identifiables dans un décor identifié.

Et puis, tout à coup, ils sont trop comédiens et ne sont plus assez personnages.

Ils sont renvoyés à leur identité d'acteur, et le spectacle affirme ses droits.

Le spectateur ne saurait prendre cela pour le réel, mais, en même temps, il prend conscience d'une certaine réalité illusoire, de ce que l'auteur appellera un « certain effondrement du réel[1] ».

L'effet est assuré, on rit !

Mais de quoi exactement ?

Et de quel rire ?

• Burlesque et « nonsense »

Rien ne paraît plus aisé que de recenser les formes du comique dans *La Cantatrice chauve*.

Tout d'abord, le comique verbal utilisant à outrance les procédés les plus habituels...

Sans reprendre les analyses des chapitres précédents et sans viser à l'exhaustivité, nous relevons :

1. La répétition jusqu'à l'usure :

– des mêmes mots (Bobby Watson),

– des mêmes expressions : « comme c'est curieux, comme c'est bizarre » (IV) ; « tiens on sonne » (VII).

1. *Notes et contre-notes*, p. 252.

2. Les longs récitatifs d'histoires abracadabrantes qui donnent le vertige.

3. Les jeux de mots absurdes, proverbes détournés et autres tautologies qui font rire car ils sont prononcés sur un ton sérieux et, qui plus est, par des adultes.

4. Les variations paronymiques et les polyphonies élocutoires où l'emporte celui qui en fait le plus car « les cacaoyers des cacaoyères donnent pas des cacahuètes, donnent du cacao » ; car « les souris ont des sourcils, les sourcils n'ont pas de souris ».

5. Les escarmouches « d'escarmoucheurs escarmouchés », de « glouglouteurs et de glouglouteuses » qui pratiquent la mélodie du claquement de langue (I) et du toussotement (VII).

« Ah ! oh ! ah ! oh ! laissez-moi grincer des dents », avons-nous envie de dire comme Mme Martin à la scène XI (p. 76).

En effet, s'agit-il toujours de comique verbal, ne basculons-nous pas ici dans cette autre dimension où « tout prit feu, prit feu, prit feu » (X, p. 69) ? Ne passons-nous pas de l'autre côté d'un miroir où les mots ne reflètent plus la pensée et signent la démission des hommes transformés en marionnettes.

S'il y a un *comique de gestes* et *d'expression,* il sort vite de la tradition théâtrale pour revêtir une dimension clownesque.

Ces duettistes que sont les Smith et les Martin ont l'infernale logique de ces clowns du « voulez-vous jouer avec moââ » et du « toi-ça-va-moi-ça-va-toi-ça-va-moi-ça-va ».

Ils ont chacun leur numéro à faire et enchaînent les sketches dans un délire organisé par des conventions théâtrales envahissantes.

Ils miment les soirées en famille, les rencontres entre amis, les retrouvailles, et jouent toutes les variantes de l'air pincé et de la toux contenue. Cela tourne vite au burlesque car il y a escalade dans l'outrance et accélération dans le rythme.

Les Martin jouent à se retrouver, s'enlacent sans passion en se disant « darling » d'un air contristé.

Ils sont semblables à de mauvais acteurs qui maîtriseraient le texte mais auraient perdu le ton.

Ils font songer à ces scènes de films où les héros éperdus d'amour se jettent dans les bras l'un de l'autre au moment où s'affiche le mot « fin ».

Ici pas de sentiments, restent les mots comme un déguisement, une défroque. Le rire naît alors du décalage et de la rupture entre ce qui est attendu et ce qui se déroule sous nos yeux.

Nous assistons à la répétition des mêmes gestes comme à la scène VIII où Mme Smith ne cesse de se lever pour répondre à un coup de sonnette, comme une marionnette qui n'en finirait pas de sortir de sa boîte pour mimer la fable de Pavlov et son chien.

Nous pourrions aisément dresser l'inventaire des gestes stéréotypés, des attitudes forcées et saugrenues, comme à la scène XI où Mme Smith imite le train en faisant « teuff, teuff » et où l'on s'insulte par monosyllabes dans des gestes saccadés.

On songe à une pantomime dérisoire où le geste ne renvoie plus à rien qu'à lui-même. Comme si, tout d'un coup, on avait vidé les greniers de l'humanité pour en extirper des mots éculés et des gestes mécaniques et en faire des canevas inamovibles qui se joueraient avec des acteurs différents.

Sortie des Smith…

> La pièce recommence avec les Martin, qui disent exactement les répliques des Smith […]. (p. 81)

Nous évoluons dans la farce burlesque.

Activités

1. *Quels types de spectacles comique connaissez-vous ? Quels procédés utilisent-ils ?*
2. *En quoi* La Cantatrice chauve *est-elle une anti-pièce de théâtre ? Justifiez votre réponse.*

C'est d'insolite et de paroxysme qu'il s'agit ici, et l'on ne saurait continuer le parcours des procédés du comique pour évoquer *situation* et *caractère.*

Il n'y a pas de caractère et encore moins de situations.

Les personnages reproduisent des mécanismes, des tics, et l'on sombre dans le burlesque. Cela n'est porté par rien, cela se déroule tout seul : pas d'histoire et pas de personnages.

On ne saurait résumer l'intrigue, et aucune nécessité psychologique ne détermine la distribution des répliques. Ionesco ne représente aucun événement et ne suit aucun personnage.

Entre le premier et le dernier acte, aucune progression, simplement une accélération, un emballement comme dans ces films burlesques du début du siècle où la répétition à outrance de la même scène tient lieu d'action.

Repères

LE « NONSENSE »

Il s'agit d'un terme anglo-saxon qui désigne une certaine littérature. Ce terme ne signifie pas « qui n'a pas de sens », mais « qui a le sens le moins attendu ».

Comme le signale R. Benayoun* :

> Le nonsense, c'est ce qui n'a pas de direction, d'intention apparente [...]. Il se contente de dispenser ingénument la seule confusion sans jamais rien expliciter.

---

* *Le Nonsense de L. Carroll à W. Allen,* Balland, 1977, p. 15.

Nous sommes dans le *nonsense* absolu, et la désintégration des contraintes logiques naît de ce souci de paraître logique et plein de bon sens.

Le lecteur est en attente, il ne saurait manquer d'avoir la clé, mais rien n'est jamais conclu.

La cantatrice est chauve, m'annonce le titre. On va savoir ! Cela finira bien par avoir un certain sens ! C'est certain, mais ce n'est pas celui qui est attendu, et rien ne sera explicité.

On reste sur sa fin.

« Qu'est-ce que ça veut dire, tout ça ! » crions-nous comme Mme Smith, mise en alerte par une présence incongrue (p. 65).

N'y a-t-il pas quelque chose d'absurde à refaire toujours les mêmes choses, à répéter toujours les mêmes mots comme des acteurs qui n'en finiraient pas de jouer le même texte ?

Et finalement, est-ce si comique ?

❑ Sens tragique

• Tragédie du langage

Ionesco déclara, à propos de *La Cantatrice chauve,* avoir « écrit quelque chose comme la tragédie du langage ».

Ce premier terme résonne étrangement.

En effet, la Tragédie suppose un univers absolu, grandiose, traversé d'êtres surhumains, les héros.

La fatalité s'acharne sur eux, et ils sont chargés d'éprouver la douleur d'exister, d'affirmer leur liberté face à l'arbitraire des dieux, face au pouvoir de l'État ou au tourment de la passion.

Chez eux, les grandes douleurs ne sont pas muettes, et ils manifestent un attachement passionné, exclusif et désespéré à la parole.

Le dialogue se fait duel, et « le mot a tué ou sauvé bien avant qu'intervienne le dénouement », écrira J.-M. Domenach.

Ces héros interrogent les Dieux, le monde ou cet autre qui croise leur route, et le langage se fait instrument de plainte, de débat.

Activités

1. *Que mettez-vous derrière les termes* tragédie *et* tragique *?*
2. *En quoi, selon vous, peut-on dire que cette pièce est grinçante et tourne au tragique ? Vous vous intéresserez aux thèmes développés, aux personnages et au rapport qu'ils entretiennent avec le langage.*
3. *Ionesco a évoqué une « tragédie du langage ». Qu'en pensez-vous ?*

Rien de tout cela dans *La Cantatrice chauve.* Le langage n'est plus qu'un combat entre le sens et les sons, le sens et le bruit.

Nous sommes dans l'arbitraire de l'assonance, et peut-être est-ce là une nouvelle fatalité.

Le jeu sur les mots l'emporte sur l'expression du je.

C'en est fini de l'univers des héros ; nous sommes dans l'univers du zéro infini, du « degré zéro du tragique ».

Ce n'est plus Sisyphe qui pousse son rocher, c'est un Auguste dérisoire, un monsieur Martin, un monsieur Smith, l'un ou l'autre, qu'importe. Devant lui, il n'a qu'une boule de mots qui le tire quand il croit encore la pousser.

Repères

L'ABSURDE

1. L'acception usuelle

Dans le langage courant, l'*absurde* désigne quelque chose qui est contraire à la logique commune, au bon sens → *insensé, aberrant, extravagant, saugrenu.*

2. Le sens du non-sens

Au XXe siècle, ce mot prend une résonance nouvelle en désignant le sentiment d'angoisse qui s'empare de l'homme face à l'irrationnel du monde.

Comme le disait Albert Camus, considéré comme le « philosophe de l'absurde », on ne saurait l'« épuiser ».

3. L'« antithéâtre »

La critique a regroupé sous l'appellation *théâtre de l'absurde* les œuvres d'auteurs tels que Ionesco, Beckett, Adamov qui, au lendemain de la Seconde Guerre mondiale, mettaient en scène une condition humaine tragique et dérisoire.

À propos des auteurs, on a aussi parlé d'*antithéâtre,* car ceux-ci tournaient en dérision les conventions dramatiques admises.

• Tragédie du sens

Mais ces personnages auxquels on n'a pas envie de s'identifier parce qu'ils sont trop clownesques ont quand même quelque chose à voir avec la condition humaine. Et, tout d'un coup, l'éclairage change, comme si le trait forcé, la caricature, appuyait sur une douleur, une cicatrice.

– Voilà ce qu'est l'humanité.

– Voilà ce qu'elle est devenue.

– Voilà ce qu'elle pourrait devenir.

La parole comique se fait parabole tragique.

« Pousser le burlesque à son extrême limite. Là, un léger coup de pouce, un glissement imperceptible et l'on se retrouve dans le tragique. C'est un tour de prestidigitation », écrira Ionesco à propos de *La Cantatrice chauve*[1].

Nous sommes en présence d'un espace envahi de fantoches mécanisés à outrance et qui ont vaguement à voir avec la condition humaine.

Portés par les mots, ces êtres manifestent leur incapacité à donner un sens au monde.

La Cantatrice chauve est placée sous le signe du vide, et tout le monde s'agite dans l'absence de sens, dans l'Absurde ou l'Absens.

Ils réclament du sens, ils essaient de s'accorder sur une histoire commune ; que ce soient les Smith avec Bobby Watson, les Martin avec leur passé, les Smith et les Martin avec la sonnette ou « Le Rhume » raconté par le Pompier.

Et nous, lecteurs, spectateurs, nous essayons aussi de donner du sens à ce qui est fragmenté, à ces histoires qui s'enchaînent.

Il n'y a pas de sens possible.

Il n'y a pas de fin possible, tout recommence toujours de la même manière. Le temps passe et ne passe pas, et l'horloge impose sa loi.

RIDEAU !

SUIVANTS !

« C'est pas par là, c'est par ici, c'est pas par là... »

---

1. *Notes et contre-notes*, p. 256.

DOCUMENTS COMPLÉMENTAIRES

❑ « Difficultés. Les deux Horloges » (L. Carroll)

Qu'est-ce qui vaut mieux, une pendule qui est exacte une fois par an, ou une pendule exacte deux fois par jour ? « La seconde, répondez-vous, sans conteste. » Parfait. Maintenant, lecteur, suivez-moi bien.

J'ai deux pendules. L'une ne marche pas du tout, et l'autre retarde d'une minute par jour. Laquelle préféreriez-vous ? « Celle qui retarde, dites-vous, sans nul doute. » Réfléchissez. Celle qui retarde d'une minute par jour devra retarder de douze heures, soit sept cent vingt minutes, avant d'être à nouveau exacte. Par conséquent, elle n'est exacte qu'une fois tous les deux ans, tandis que l'autre est bien évidemment exacte chaque fois qu'arrive l'heure qu'elle indique, c'est-à-dire deux fois par jour. « Ah mais, répliquez-vous, à quoi bon si je ne sais pas quand arrive cette heure ? » Eh bien, supposez que la pendule indique huit heures. Ne comprenez-vous pas qu'elle sera exacte à huit heures ? Par conséquent, lorsqu'il sera huit heures, votre pendule sera exacte. « Oui, cela je le comprends », répondez-vous. Parfait. Vous vous être contredit deux fois. Maintenant, tirez-vous de cette difficulté comme vous le pourrez, et tâchez de ne pas vous contredire une fois de plus.

❑ « Ma montre. Petite histoire instructive » (M. Twain)

Ma belle montre neuve avait marché dix-huit mois, sans avance ni retard, sans aucune perturbation dans quelque partie que ce fût de son mécanisme, sans arrêt. J'avais fini par la regarder comme infaillible dans ses jugements sur le temps, et par considérer sa constitution et son anatomie comme impérissables. Mais un jour, une nuit plutôt, je la laissai tomber. Je m'affligeai de cet accident, où je vis le présage d'un malheur. Toutefois, peu à peu je me rassurai et chassai mes pressentiments superstitieux. Pour plus de sécurité néanmoins, je la portai chez le principal horloger de la ville, afin de la faire régler. Le chef de l'établissement la prit de mes mains et l'examina avec attention. Alors il dit : « Elle est de quatre minutes en retard. Le régulateur doit être poussé en avant. » J'essayai de l'arrêter, de lui faire comprendre que ma montre marchait à la perfection. Mais non.

Tous les efforts humains ne pouvaient empêcher ma montre d'être en retard de quatre minutes, et le régulateur dut être poussé en avant. Et ainsi, tandis que je trépignais autour de lui, dans l'angoisse, et le suppliais de laisser ma pauvre montre en repos, lui, froidement et tranquillement, accomplissait l'acte infâme. Ma montre, naturellement, commença à avancer. Elle avança tous les jours davantage. Dans l'espace d'une semaine, elle fut atteinte d'une fièvre furieuse, et son pouls monta au chiffre de cent cinquante battements à la minute. Au bout de deux mois elle avait laissé loin derrière elle les meilleurs chronomètres de la ville et était en avance sur l'almanach d'un peu plus de treize jours. Elle était déjà au milieu de novembre, jouissant des charmes de la neige, qu'octobre n'avait pas encore fait ses adieux. J'étais en avance sur mon loyer, sur mes paiements, sur toutes les choses semblables, de telle façon que la situation devenait insupportable. Je dus la porter chez un horloger pour la faire régler de nouveau.

Celui-ci me demanda si ma montre avait été déjà réparée. Je dis que non, qu'elle n'en avait jamais eu besoin. Il me lança un regard de joie mauvaise, et immédiatement ouvrit la montre. Puis, s'étant logé dans l'œil un diabolique instrument en bois, il regarda l'intérieur du mécanisme. « La montre demande impérieusement à être nettoyée et huilée, dit-il. Ensuite nous la réglerons. Vous pouvez revenir dans huit jours. » Une fois nettoyée et huilée, puis bien réglée, ma montre se mit à marcher, lentement, comme une cloche qui sonne à intervalles longs et réguliers. Je commençai à manquer les trains, je fus en retard pour mes paiements. Je laissai passer l'heure de mes rendez-vous. Ma montre m'accordait gracieusement deux ou trois jour de délai pour mes échéances et ensuite me laissait protester. J'en arrivai graduellement à vivre la veille, puis l'avant-veille et ainsi de suite, et peu à peu je m'aperçus que j'étais abandonné solitaire le long de la semaine passée, tandis que le monde vivant disparaissait à ma vue. Il me sembla ressentir au fond de mon être une sympathie naissante pour la momie du Muséum et un vif désir d'aller m'entretenir avec elle sur les dernières nouvelles. Je dus retourner chez un horloger. Cet individu mit la montre en morceaux sous mes yeux et m'annonça solennellement que le cylindre était « enflé ». Il se fit fort de le réduire en trois jours à ses dimensions normales. Après cette réparation, la montre se mit à marquer l'heure « moyenne », mais se refusa obstinément à toute autre indication. Pendant la moitié du jour, elle ne cessait pas de ronfler, d'aboyer, de crier ; elle éternuait, soufflait avec énergie, à tel point qu'elle troublait absolument mes pensées et qu'il n'y avait pas dans le pays une montre qui pût lui tenir tête. Mais le reste du temps elle s'endormait et s'attardait, s'amusant en route jusqu'à ce que toutes les autres montres laissées en arrière l'eussent rattrapée. Aussi, en définitive, au bout des vingt-quatre heures, aux yeux d'un juge impartial, elle paraissait arriver exactement dans les limites fixées. Mais une moyenne exacte n'est qu'une demi-vertu chez une montre, et je me décidai à la porter chez un nouvel horloger.

J'appris de lui que le pivot de l'échappement était cassé. J'exprimai ma joie que ce ne fût rien de plus sérieux. À dire le vrai, je n'avais aucune idée de ce que pouvait être le « pivot de l'échappement », mais je ne voulus pas laisser voir mon ignorance à un étranger. Il répara la montre, mais l'infortunée perdit d'un côté ce qu'elle gagnait d'un autre. Elle partait tout à coup, puis s'arrêtait net, puis repartait, puis s'arrêtait encore sans aucun souci de la régularité de ses mouvements. Et chaque fois elle donnait des secousses comme un fusil qui recule. Pendant quelques temps, je matelassai ma poitrine avec du coton, mais enfin je fus obligé de recourir à un nouvel horloger. Ce dernier la démonta, comme les autres avaient fait, et en mania un moment les débris sous sa loupe. Après cet examen : « Nous allons avoir, me dit-il, des difficultés avec le régulateur. » Il remit le régulateur en place et fit un nettoyage complet. La montre, dès lors, marcha très bien, avec ce léger détail que, toutes les dix minutes, les aiguilles se croisaient comme une paire de ciseaux et manifestaient dès lors l'intention bien arrêtée de voyager de compagnie. Le plus grand philosophe du monde eût été incapable de savoir l'heure avec une montre pareille, et de nouveau je dus m'occuper de remédier à cet état désastreux.

Cette fois, c'était le verre de la montre qui se trouvait en défaut et qui gênait le passage des aiguilles. De plus, une grande partie des rouages avaient besoin d'être réparés. L'horloger fit tout cela pour le mieux, et dès lors ma montre fonctionna exceptionnellement bien. Notez seulement qu'après avoir marqué l'heure bien exactement pendant une demi-journée, tout à coup, les diverses parties du mécanisme se mettaient à partir ensemble en ronflant comme un essaim d'abeilles. Les aiguilles aussitôt s'empressaient de tourner sur le cadran si vite que leur individualité devenait impossible à discerner ; à peine si l'on distinguait quelque chose de semblable à une délicate toile d'araignée. La montre abattait ses vingt-quatre heures en six ou sept minutes, puis s'arrêtait avec un coup.

J'allai, le cœur navré chez un dernier horloger et je l'examinai attentivement tandis qu'il la démontait. Je me préparais à l'interroger sévèrement, car la chose devenait sérieuse. La montre m'avait coûté à l'origine deux cents dollars : elle me revenait maintenant à deux ou trois mille dollars avec les réparations. Mais tout à coup, tandis que je l'examinais, je reconnus dans cet horloger une vieille connaissance, un de ces misérables à qui j'avais eu affaire déjà, plus capable de reclouer une machine à vapeur hors d'usage que de réparer une montre. Le scélérat examina toutes les parties de la montre avec grand soin, comme les autres avaient fait, et prononça son verdict avec la même assurance : « Elle fait trop de vapeur, vous devriez laisser ouverte la soupape de sûreté. » Pour toute réponse, je lui assénai sur la tête un coup formidable. Il en mourut et je dus le faire enterrer à mes frais.

Feu mon oncle William (Dieu ait son âme) avait coutume de dire qu'un cheval est un bon cheval jusqu'au jour où il s'est une fois emporté, et qu'une bonne montre est une bonne montre jusqu'au moment où les horlogers, en y touchant, l'ont ensorcelée. Il se demandait aussi, avec une curiosité, vers quel métier se tournent tous les étameurs, armuriers, savetiers, mécaniciens, forgerons qui n'ont pas réussi. Mais personne n'a jamais pu le renseigner sur ce point.

Collection PARCOURS DE LECTURE

Collection dirigée par Alain Boissinot,
Jean Jordy, Marie-Madeleine Touzin.

• Série **Œuvres intégrales**

Une étude de l'œuvre, des repères qui dégagent les méthodes d'analyse et les notions utilisées, des prolongements et des documents complémentaires.

ALAIN-FOURNIER, *Le Grand Meaulnes*
BALZAC, *La Peau de chagrin*
Ferragus
BAUDELAIRE, *Les Fleurs du mal*
BECKETT, *En attendant Godot*
BERNARDIN de SAINT-PIERRE, *Paul et Virginie*
BOSCO, *Malicroix*
CAMUS, *L'Étranger*
CENDRARS, *L'Or*
DIDEROT, *Paradoxe sur le comédien*
DIOP, *Les Contes d'Amadou Koumba*
DUCHARME, *L'Avalée des avalés*
DURAS, *Moderato Cantabile*
ÉLUARD, *Capitale de la douleur*
FLAUBERT, *L'Éducation sentimentale*
Madame Bovary
Trois contes
GIONO, *Le Chant du monde*
GRACQ, *Le Rivage des Syrtes*
Un balcon en forêt
HUGO, *Les Contemplations*
JARRY, *Ubu Roi*
LABÉ, *Sonnets*
LAINÉ, *La Dentellière*
LE CLÉZIO, *Désert*
Onitsha
MARIVAUX, *La Dispute*
L'Île des esclaves
MAUPASSANT, *Boule de Suif*
Pierre et Jean
MÉRIMÉE, *Mateo Falcone*

Molière, *George Dandin*
Le Misanthrope
Montaigne, *Essais (I, 31 – III, 6)*
Musset, *Lorenzaccio*
On ne badine pas avec l'amour
Ponge, *Le Parti pris des choses*
Prévost, *Manon Lescaut*
Queneau, *Loin de Rueil*
Racine, *Bérénice*
Senghor, *Poèmes*
Stendhal, *Chroniques italiennes*
Uhlman, *L'Ami retrouvé*
Verlaine, *Fêtes galantes*
Voltaire, *Candide*
Zola, *La Terre*

• Série **Groupements de textes**

Conçus de la même façon que ceux de la série ***Œuvres intégrales,*** *ces volumes portent sur un thème ou une problématique littéraire et proposent de nombreux extraits.*

Le Cheval, mythes et textes
Contes fantastiques
Les Débuts de romans
La Digression dans le récit
L'Écriture autobiographique
Images de l'Orient au XIX*e siècle*
Images du lecteur
La Lettre et le Récit
Musique et littérature

• Série **Collèges** *(animée par Michel Descotes, Jean Jordy et Gérard Langlade)*

La série ***Collèges*** *porte sur des œuvres souvent étudiées dans les classes de collège. Outre les rubriques habituelles de la collection, elle propose des activités qui incitent à étudier des points précis, à formuler des découvertes, à s'exprimer par écrit.*

Apollinaire, *Poèmes*
Beauvoir, *Les Belles Images*

Bosco, *L'Âne Culotte*
Calvino, *Marcovaldo*
Conan Doyle, *Sherlock Holmes*
Ionesco, *La Cantatrice chauve*
Labiche, *L'Affaire de la rue de Lourcine*
La Fontaine, *Fables*
Le Clézio, *Mondo*
Mérimée, *La Vénus d'Ille*
Molière, *Les Fourberies de Scapin*
Le Malade imaginaire
Le Médecin malgré lui
Perrault, *Contes*
Racine, *Iphigénie*
Saint-Exupéry, *Le Petit Prince*
Stevenson, *L'Île au trésor*
Vallès, *L'Enfant*
Zola, *Le Rêve*

et de nombreux autres titres à paraître.

Collection PARCOURS PHILOSOPHIE

Collection dirigée par Michel Autiquet

Cette collection propose des études de textes philosophiques dont chacune apporte les informations indispensables à la compréhension de l'œuvre, en délimite les enjeux, en retrace le cheminement et donne ainsi à chacun les moyens de se confronter au texte et d'en construire le sens par une lecture active.

Bergson, *Le Rire*

Freud, *Métapsychologie*

Marx et Engels, *Le Manifeste du Parti communiste*

Platon, *Apologie de Socrate*

Collection RÉFÉRENCE

Collection dirigée par Daniel Delas

Une collection pour découvrir les grands noms de la critique, de la linguistique et de la théorie littéraire en facilitant l'accès à leur pensée replacée dans son contexte, en regroupant autour de mots clés les concepts principaux et en dégageant l'actualité de leurs œuvres.

Roland BARTHES,
Frank Évrard – Éric Tenet

Émile BENVENISTE,
Gérard Dessons

Paul CLAUDEL,
Anne-Marie Hubat-Blanc

Roman JAKOBSON,
Daniel Delas

Francis PONGE,
Serge Martin

Jean-Pierre RICHARD,
Hélène Cazes

Aubin Imprimeur
LIGUGÉ, POITIERS

Achevé d'imprimer en novembre 1994
N° d'impression L 47836
Dépôt légal novembre 1994
Imprimé en France